alpha

otros libros de alberto ramos

baydoun

eighteen

queen

gay

alpha

vivido, escrito e ilustrado por

alberto ramos

ESPASA ES POESÍA

ESPASAesPOESÍA

© Alberto Ramos, 2024
© Editorial Planeta, S. A., 2024
Espasa, sello editorial
de Editorial Planeta, S.A.

Diseño del libro: © Alberto Ramos
Ilustraciones de interior: © Alberto Ramos

Primera edición: junio de 2024

Preimpresión: MT Color & Diseño, S. L.

Depósito legal: B. 9.350-2024
ISBN: 978-84-670-7368-3

Espasa, en su deseo de mejorar sus publicaciones, agradecerá
cualquier sugerencia que los lectores hagan al departamento
editorial por correo electrónico: sugerencias@espasa.es

www.espasa.com
www.planetadelibros.com

Impreso en España / *Printed in Spain*
Impresión: Liberduplex

Editorial Planeta, S. A.
Avda. Diagonal, 662-664
08034 Barcelona

La lectura abre horizontes, iguala oportunidades y construye una socie-
dad mejor. La propiedad intelectual es clave en la creación de conteni-
dos culturales porque sostiene el ecosistema de quienes escriben y de
nuestras librerías. Al comprar este libro estarás contribuyendo a mante-
ner dicho ecosistema vivo y en crecimiento. En Grupo Planeta agrade-
cemos que nos ayudes a apoyar así la autonomía creativa de autoras y
autores para que puedan seguir desempeñando su labor.
Dirígete a CEDRO (Centro Español de Derechos Reprográficos) si nece-
sitas fotocopiar o escanear algún fragmento de esta obra. Puedes contac-
tar con CEDRO a través de la web www.conlicencia.com o por teléfono
en el 91 702 19 70 / 93 272 04 47.

al primer hombre de mi vida

índice

prefacio

alpha
es un libro de idiomas

omega habla el idioma del recuerdo (pasado)

beta habla el idioma de la violencia (miedo)

alpha habla el idioma de la sangre (verdad)

quizá al final
descubras
hasta qué punto
nacen unos idiomas
de otros

carta sobre el primer hombre

aprendí el idioma del amor y de la violencia
de la misma boca
al mismo tiempo

ahora estoy colgando desde dos extremos
sujetando la vida entre los dientes
surfeando en el agua de las mentiras

buscando el idioma que me ayude
a encontrar las palabras
que me alejen más de la superficie
y a la vez
me enseñen a nadar

siempre sinceramente

Alberto Ramos

omega

llevo regando este césped podrido
por tanto tiempo
que estoy empezando a pensar
que todo lo bueno está en otro sitio

— omega

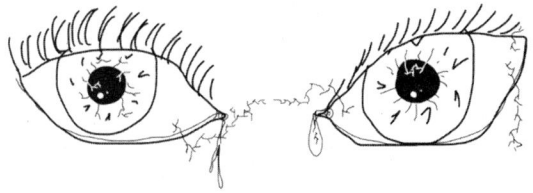

estoy intentando
vivir detrás de días de dolor y sangre
toda esta huida
me está ayudando a olvidar mi nombre
y
a recordarlo
al mismo tiempo

— *conocimiento*

algunos de nosotros
somos
borrados
antes de siquiera tener oportunidad de decir
quienes
somos

— *voz*

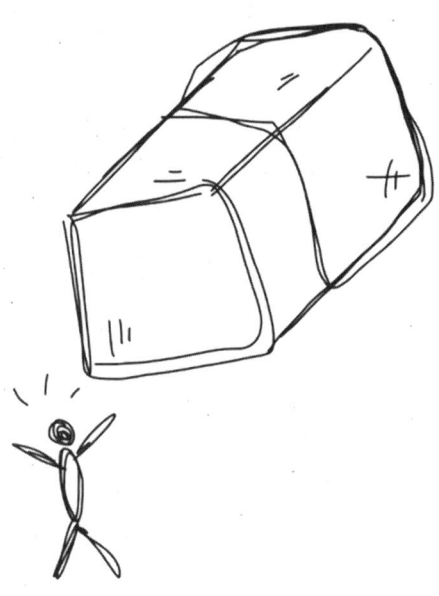

dónde está. no es una pregunta que se haga. cuando los
cuerpos de nuestra gente se acumulan en los ~~hospitales~~
callejones. cunetas. cuando nuestra sangre se usa en
pistolas de agua. cuando nuestro dolor causa risa.

dónde está. no es algo que preguntes a alguien que vio
a su mejor amigo perder la vista con 20 años. a su
compañero caer muerto tras un diagnóstico tres días
atrás. a una generación perdida en voz baja. echada a
su tumba como salvajes. por la puerta de atrás. entre
burlas.

dónde está no es una pregunta cuya respuesta quieras
saber. cuya respuesta. no sepas. tú ya sabes. dónde
está. el sida (o la plaga gay. según medios. presidentes.
y la gente lo conocía por entonces) vino a llevárselo
todo entre las risas de la gente. a nadie le importó
dónde estaba. a nadie le importa dónde está. porque la
verdad que nadie dice. es que ser gay. era. es.
sinónimo. de que tu vida valga menos. tanto que tu
muerte. decenas. cientos. miles. millones. de tus
muertes. no importan.

— la pandemia más ~~letal~~ divertida de la historia

tuve que dejar de escribirte
porque
me tocabas de formas en las que no
estaba seguro
de si quería que me tocaran

las personas tienen intereses en otras personas. y eso es normal. sano. humano. y bonito. cuando el interés se da hacia la persona por lo que la persona es. no por lo que puedes conseguir a través de atravesar el puente que significa para ti la persona. y llegar adonde realmente te interesa.

es decir. las personas no elegimos rodearnos de gente que detestamos. elegimos a amigos. compañeros. parejas. que nos hacen reír. porque *son* graciosos. que nos hacen bailar. porque *son* divertidos. que nos hacen querernos. porque se quieren ellos mismos. que nos hacen vernos. porque se ven a sí mismos. todo esto es un interés parcialmente egoísta. y a la vez un regalo. porque estás eligiendo a alguien por lo que intrínsecamente es. y por cómo. por consecuencia. te hace sentir.

eso es bonito. sin embargo. muchos no entienden el matiz entre que alguien te elija por lo que eres. o por lo que tienes. y no hablo solo de dinero. interesarse en ti para entrar en el círculo de otra persona no es un interés en tu persona. interesarse en el contacto que puedes darle. en la chica que puede conseguir a través de ti. no es interesarse en quien eres de ninguna forma. lo que te hace un puente. y por tanto te quita humanidad. te reduce. a un camino. sobre el que cruzar con cariño para que no se desvanezca hasta llegar al otro lado. y poder ser entonces olvidado.

borrado. maltratado. porque ya no importas. porque
ya cumpliste tu función como puente.

y no sé cómo enfatizar lo suficiente que todos
merecemos ser ese otro lado. y no el puente. que
podemos desvanecernos en mitad de ese camino tantas
veces como queramos. y seguir renaciendo. seguir
empezando. seguir siendo. quien elige el final. el lado.
que queremos ser. en todas y cada una de nuestras
historias.

— puentes

recordar es una elección

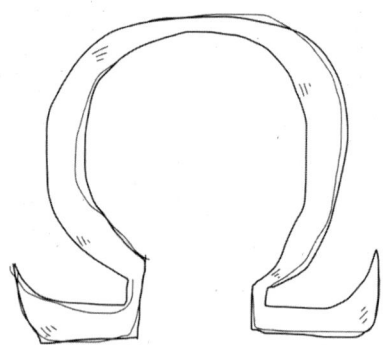

ayer viniste y te fuiste en el espacio de una misma frase. la rapidez con la que tus frases acaban parece ser la misma con la que olvidas tus promesas. a veces me gustaría que te quedaras a oírme. gritar. cuando te vas y entiendo que en el fondo no podías irte. de donde no estabas. el peso de una sola garganta. no puede sostener toda esta crianza. toda esta familia. están pesando los años más de lo que deberían, papá. si fuera tu hijo no podría evitar pensar que merecía un escudo y no una lanza en casa. dices que no elegiste que yo fuera como soy. pero si fueras mi padre sabrías que el nacimiento es involuntario. y recordar es una elección.

me dijiste que
si
quería que dejaran de reírse de mí
tenía que dejar de
ser
yo mismo
y desde entonces
me he pasado la vida hablando en voz baja

— sombra | consejo parental

que te claven cuchillos en casa
por tu bien
con tal de prepararte para
lo que espera ahí fuera
solo te está preparando
para recibir al mundo con ojos de miedo
para confundir hogar con sangre
para buscar un hogar
en sangre

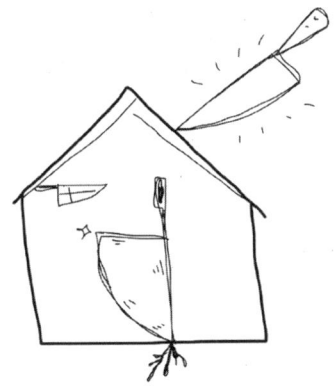

pensaba que crecería
y lo olvidaría
pero ya van siendo años
de recuerdos que me sujetan
el corazón en la garganta

deberías haber sabido
que te equivocabas
cuando me viste cerrar
todas las puertas
que alguna vez en mi vida
había abierto
con tal de salir
de la habitación
en la que estabas

cuando te fuiste
no te llevaste mi alma
ni mi cariño
ni mi luz
ni mi sangre

te llevaste mi seguridad

te busco
en todas partes
pero
no consigo
encontrarte

– padre

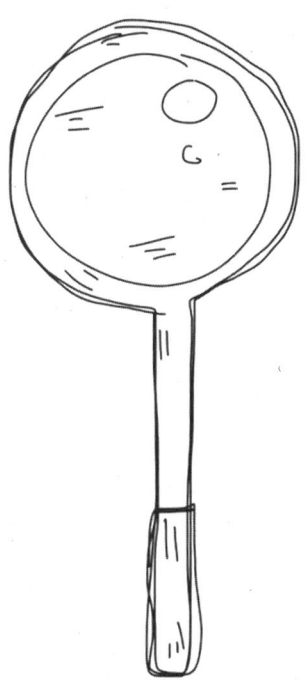

busco
tan solo un rastro de ti
en cada persona que conozco
pero solo encuentro un vacío

— *padre ii*

no sé si busco un novio o un arma
a veces parece todo lo mismo

— baydoun

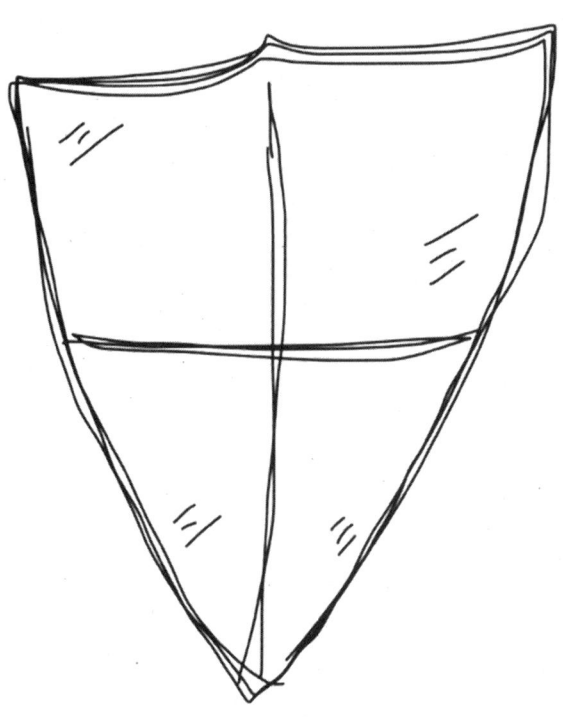

deja de pedirme que hable sin sangrar
la sangre es mi lengua materna
y yo no sé de otras cosas

— *dialecto*

estás aquí
pero
no estás.
aquí
y
eso es lo peor de todo

– padre iii

hay noches en las que pienso en cómo
solías masticar las palabras
antes de escupirlas
y tengo que encender la luz
para poder dormir

— *sal*

sentirse solo
no significa
no tener a nadie
significa
sentirse vacío
aun teniendo
o no
a gente

si quieres sentirte en paz
con
tu soledad. contigo.
busca conexión
no compañía

me mirabas
y todo se volvía salvaje

maricón
gay
puta
nenaza
cerda
barata

los nombres
también son escudos
llamarme por
tu nombre
hará más fácil dejar aquí
en la esquina de mi espalda
el peso que es llevarlo
pero no el peso que
es serlo

— espejos

recordar es una cascada

he estado pensando en la idea de volver a casa de
vuelta a quienes somos. cuando no sabemos. quiénes
somos. en si ese proceso involucra descubrirse o
diseñarse. en si el camino envuelve trozos de todo lo
que fuimos. somos. y queremos ser. e inevitablemente
los remezcla. entrelaza. y forma un todo conjunto. en
si todos somos y seremos un todo conjunto. más que
un nosotros mismos. en que si el camino a casa fuera
mar. no sería océano. no sería río. no sería mar. no
sería manso. porque no se pueden mantener tantas
fuerzas opuestas en calma en una misma conversación.
todas estas dudas me están abriendo camino a
entender. por qué recordar es una cascada.

crecer
es
sanar
sanar
sanar
volver al núcleo
y
sanar
arrancar todo lo que vino luego
todo
lo que no eres tú

— *delante*

infancia y madurez son viejas amigas
crecer es que hagan las paces

me arde el alma de frío
y aun así me queman los recuerdos
no de ti
sino
de cómo me sentí
contigo

espero que consigamos salir de aquí

el dolor a hablar
vestir
bailar
el dolor
a ser quien eres
son el mismo dolor.
son el dolor más grande
que existe
el dolor de no
querer ser tú

— *créeme. las risas duelen menos*

la química
es cuando besas mi cuello
y mi cuerpo entero arde en llamas

– ciencias naturales

(homenaje a *salt.* de nayyirah waheed)

la física
es cuando hablas en voz baja
y el mundo entero se vuelve agua

— *ciencias naturales ii*

no pegues a tu hijo
si no quieres que crezca
confundiendo violencia con amor
porque sus agresores
le recuerden demasiado a ti

— primer amor

no existe tal cosa
como
la violencia con amor
con cariño
con respeto

es una mentira
la violencia es dominancia
impotencia
dolor
lo contrario a lo que los padres
deben ofrecer a sus hijos

recordar es una jaula

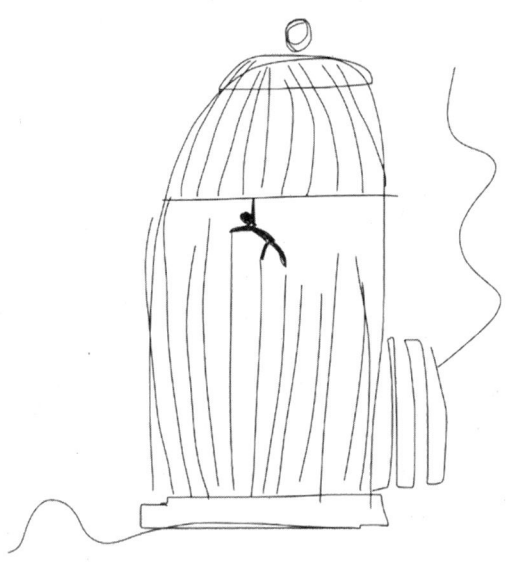

tendría que haber sabido desde entonces que la policía no querría intervenir en una historia que es mía. pero de la que no tengo edad para contar. tendría que haberlo sabido entonces. tendría que haber salido huyendo. tendría que haber empezado de cero. tendría que haber entendido que doce años no son suficientes. tendría que haber corrido más deprisa. tendría que haber gritado más fuerte. hasta romper los miedos de cristales. aunque me cortaran. tendría que haber usado mi sangre para mi cuerpo y no para escribir esta historia. tendría que haber aprendido la lección. y no pasarme los años pensando en voz alta. inspirando. a pensar en dolor. solo para entender que recordar es una jaula.

tengo tanto miedo a silenciar tu historia
a no contar tu verdad
aun cuando es mentira
que cuando me apuñalas por la espalda
una y otra vez
siempre acabo susurrando al curarme
la culpa fue de los dos

— no quiero hacerte lo que me hiciste
pero tú no eres yo y te aprovechas

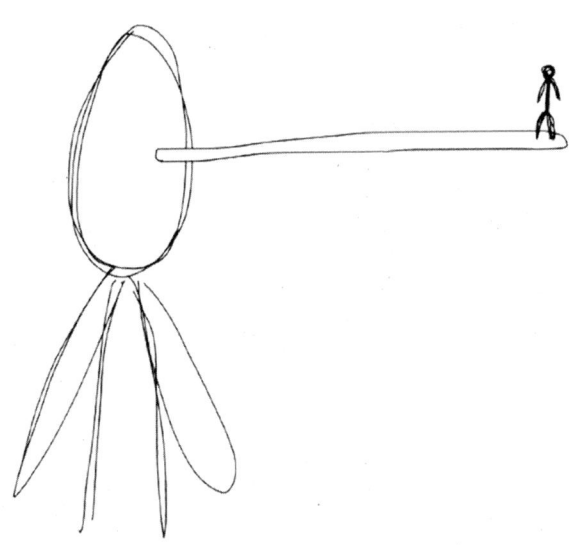

lo que más me dolieron
no fueron tus golpes
sino que recogieras
usaras
y te llevaras
mi sangre
para luego vestirla
fingiendo que es tuya
pareciendo así la víctima
y yo el verdugo

repitiendo
el daño que te hace
hacerme daño

— *manipulación | el teatro de la sangre | transfusión*

fui consciente del peligro que corría contigo
cuando te vi vestir mi sangre
para fingir que es tuya

— *víctima*

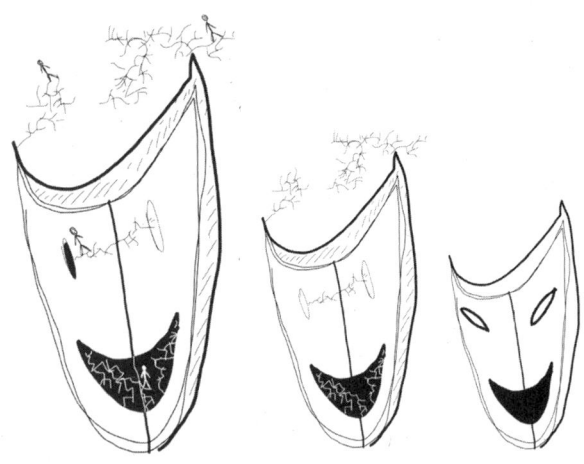

sé que no hay nada que hacer
más que recoger y marchar
cuando directamente desde tu cuchillo
te veo estudiar mi sangre
y cortarte
para fingir que es tuya

— *víctima ii*

dos océanos separan
quien fuiste
de
quien dijiste ser
(son toda la sangre de este poema)

cada vez que un chico me mira a los ojos
me sonríe
me quiere
me aprecia
y se pregunta
cómo puede ayudarme
a sanar
tan solo quiero gritarle
sé mi padre

amar con violencia
no es
amar
es huir

— romper. sangrar. temer. faltar. no es amor

todos fuimos. somos. seremos. dañados
terriblemente
todos hemos dañado. estamos dañando.
o dañaremos
terriblemente
a alguien
y
no es el fin del mundo

— negarlo es negar que cometemos errores

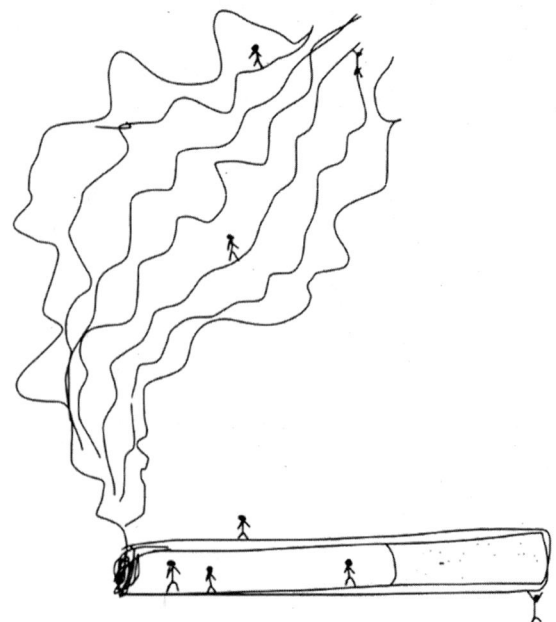

creo que ya sé
por qué ninguna dinámica con los chicos
suele funcionar en mi vida
amigos
compañeros
conocidos
chicos que son algo más
y los que son algo menos
profesores
aliados
todos tienen el mismo factor en común
quiero que todos
sean mi padre

— y es imposible dar la talla de algo que no existe |
la historia de la decepción

si no tengo miedo a la libertad
por qué
solo puedo amar a hombres
que viven en jaulas

no me fui porque te guardara rencor
sino porque vi cómo
aún sigues
intentando vender la idea
de que no tenías otra opción
que la violencia
que no te di otra opción
que la violencia
que no eres
la violencia
que yo soy
la violencia
repitiendo estas mentiras tantas veces
como tu boca te permite
esperando así que no todos
sino alguien lo crea
que se lo cuente a otro alguien
que la narrativa crezca
hasta el punto
en el que lo que empezó como una obvia mentira
acabe siendo cuestionada como realidad
y quien empezó empuñando el cuchillo
acabe siendo visto como el mártir

y el apuñalado como el agresor

recordar es una llave

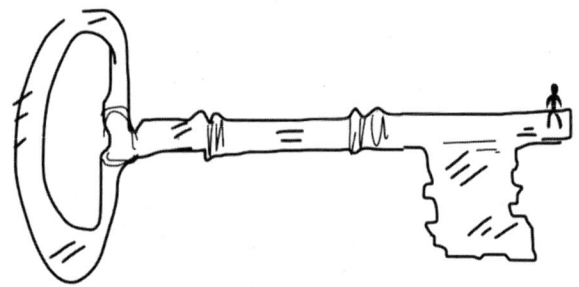

me gustaría decirte que ya no me importan las veces que digas que te vas cuando sigues aquí. aunque sigas aquí. que ya no me importa que me amenaces. y vuelvas a empezar. que ya no me importa que te arrepientas. porque ya no tengo nada que perdonarte. perdonarme. ya no tengo nada que perdonarnos. hay vidas que ya hemos vivido. y hay una puerta tras ellas. podemos visitarlas. revivirlas. resentirlas. cuando nos apetezca. podemos volver atrás y adelante. empezar de cero y crear nuevas puertas. nuevos cerrojos a los que echar la vista atrás cuando se acaben. cuando empiecen. cuando queramos entrar y salir de ellas. porque recordar es una llave.

me hiciste elegir entre tú y yo
y me dejaste de lado
cuando
me elegí a mí mismo

— *padre iv*

beta

quizá él no sea cruel
y solo está intentando decirme algo
pero solo sabe hablar
el idioma de la violencia

— beta

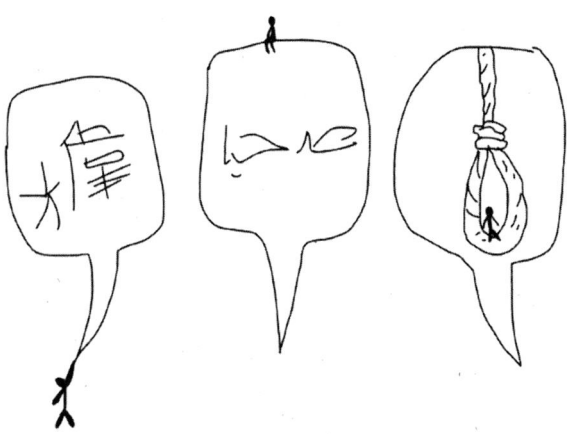

nunca olvidas que
alguien te dañó horriblemente
y sin embargo
no pareces (querer) recordar
que tú dañaste horriblemente a alguien
también

— *la verdad más ignorada en el mundo*
   (algo mayores para fingir que somos perfectos)

la balanza
es
que cuidar tu salud mental
no implique
destrozar
la de los demás

— empatía

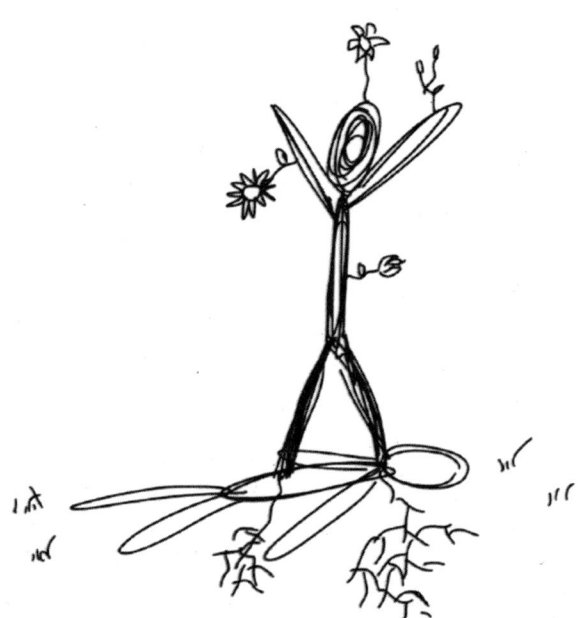

la balanza
es
que buscar tu felicidad
no implique
quitársela
a nadie

— *empatía ii*

no pienses
en cómo escribir el libro
abre tu corazón
y deja que toda la sangre llene las hojas

— *subconsciente*

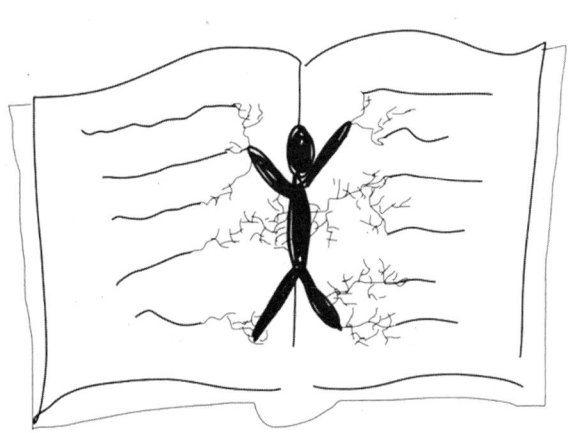

la magia
es
cuando una persona te devuelve
lo que otra te quitó

— *encontrar | equilibrio*

la ciudad en la que aprendí
a temer a los hombres
no por lo que son
sino por lo que podrían hacerme
por no ser lo que son

— södertälje

por atreverme a ser lo que no son. vendrán a por mí.
vendrán a por mí. vendrán a por mí. ya no tengo más
fuerzas para fingir. que no temo. que vengan a por mí.
siempre les estoy esperando. siempre les estoy
esperando. siempre les estoy esperando. de cada vez
que vinieron mi cuerpo les recuerda. mi cuerpo les
recuerda. mi cuerpo les recuerda. aunque ya no
vengan. aunque no lleguen. yo mismo haré su labor si
ellos no aparecen. pero no hará falta. porque sé que
volverán. a por mí. y ya no quiero seguir luchando.
cuando vengan a por mí. cuando. vengan. a por mí.
no opondré resistencia. no opondré resistencia. no
opondré resistencia. alguna. vivo con las manos atadas
y la sangre lista en un frasco. para cuando vengan a por
mí. ya no me quedan fuerzas. para enseñarles. para
mostrarles. para inculcarles. porqué. por qué. por. que.
no deberían venir a por mí.

— *cuando callar es hablar. y quedarse es huir | tept*

no es lo mismo
morir
a que
te quiten la vida

— samuel luiz

no sé si sigo escribiendo
para
llegar a mí
o porque
cada palabra que escribo
me aleja más de él

sigo perdido
en la historia
de nuestros cuerpos y
no quiero encontrar el camino
de vuelta a casa

— irse

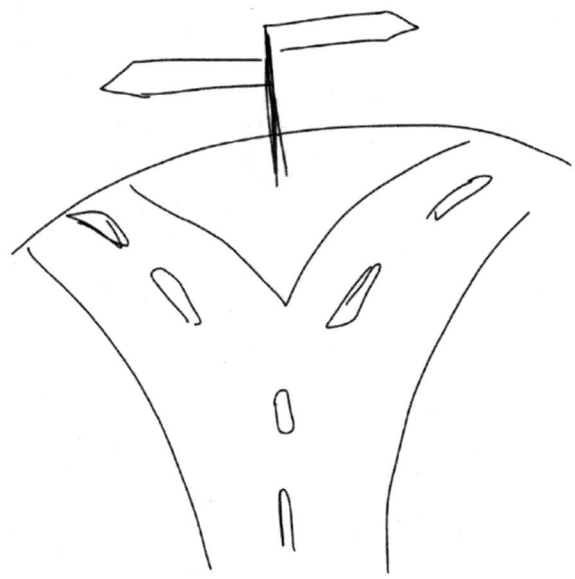

hay un alfabeto entero escrito en su sangre
que nunca te has parado a leer

— *empatizar*

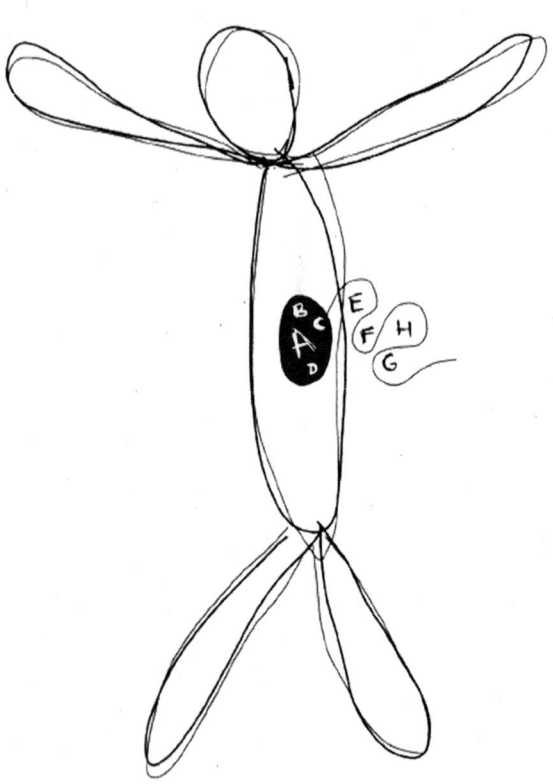

no te escribo como algo vacío. pero tampoco como algo lleno. nadie queda lleno detrás del abuso. negar que hay un corte. negar que hay un después. es un sinsentido. no podemos fingir. que seguimos llenos. es el primer paso a la cura. no eres débil. por ello. no eres menos sangre. no eres menos carne. no eres menos vida. no eres menos tú. es solo que. nadie vuelve entero. de la guerra.

— algo más. menos. que entero

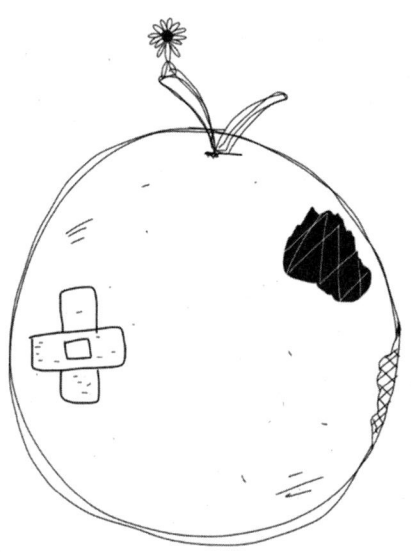

llego a ti de manera tan sencilla. tan natural. tan inexplicablemente. fácil. porque tú. tampoco eres entero. mis mellas miran a las tuyas y las ven por todo lo que son. por todo lo que nunca han sido vistas. cuando estoy contigo las mellas se iluminan. las tuyas. las mías. las del mundo. y de manera conjunta. independiente. nos convertimos en lo más parecido que conocimos. a algo entero.

— *reflejos | espejos*

los años se están escapando por los espacios de mis bolsillos. en un intento de agarrarlos. he saltado a un precipicio. y a otro. y a otro. y a otro. estoy saltando en precipicios. como si nada. porque realmente no hay nada. creo que no hay nada. no hay nada. no hay nada. cuando no puedo verme. mi vida. estoy intentando recordar quien soy. y olvidarlo. al mismo tiempo. estoy arrancando toda esta sangre de mis venas. toda esta carne de mi piel. todos estos huesos de mi cuerpo. para construir un barco. y nadar lejos de mí.

estoy intentando decirte que te quiero sin que
descubras que solo hablo el idioma de la violencia. si
no me entiendes levanta la mano. levanta la mano.
levanta la mano. y agarra mi cuello. háblame en mi
idioma. no me levantes la mano. no. me. levantes. la.
mano. que yo hable. el idioma. no significa que tú
tengas que hablarlo. también. no quiero que lo
aprendas. no quiero que lo aprendas. no quiero que lo
aprendas. conlleva mucha sangre y vida. y toda la vida
que tiene tu sangre. es precisamente lo que más me
gusta de ti. dime qué puedo hacer. si este es el idioma
que me enseñaron. qué puedo hacer. qué puedo hacer.
qué puedo hacer. escúchame antes de irte. no te vayas.
no te vayas. no te vayas. todavía. estoy intentando
decirte. que aunque no tengamos que hablar la misma
lengua. ya no quiero seguir hablando. este idioma. sin
ti. quiero que me ayudes a desaprenderlo. sin usarlo.
usándolo. sin usarme. usándome. no sé comunicarme.
sin ser usado. es la única manera que conozco de
interactuar. con personas como tú. úsame. no me uses.
enséñame. no me enseñes. que no tienen que usarme
para quedarse. aquí. no sé si quiero aprenderlo. no sé si
quiero quedarme. no sé quiénes somos. pero pareces
casa y lleva haciendo frío mucho tiempo. aquí fuera.

— *traducción | (otra manera de decir) te quiero*

lo que más miedo me da
es lo que más me gusta de ti
qué puedo hacer si para mí el miedo
ya es casa
y la seguridad
es incertidumbre

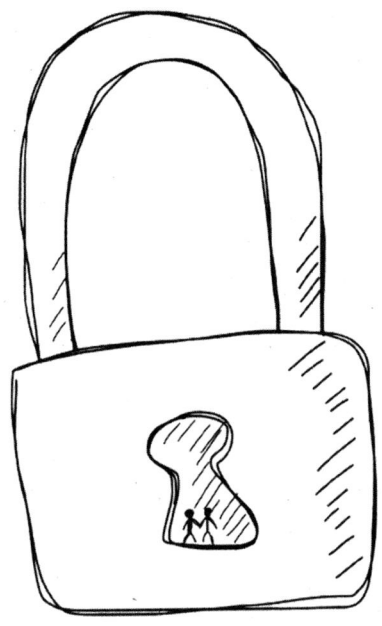

la crueldad puede ser ignorancia
la crueldad puede no ser. ignorancia
la crueldad puede ser rabia. que lleva en silencio mucho
tiempo
la crueldad pueden ser ganas
la crueldad puede ser herida
la crueldad puede ser sangre
la crueldad puede ser historia
la crueldad puede ser pasado
pero
venga de donde venga
la crueldad
es crueldad

— *camino*

a veces éxito es seguir aquí

— respira

la empatía debe ir en ambas direcciones
si tú sangras y yo te curo
tú hablas y yo te escucho
tú gritas y yo te calmo
tú lloras y yo te consuelo

si tú estás demasiado ocupado
sintiendo amando pensando
solo en ti
en quién me apoyo yo cuando necesite que alguien
lo haga por mí

— dinámicas no alternas | no puedo ser una pared
para ambos | tengo fin y principio

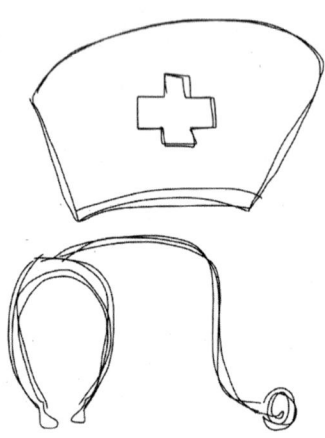

mi mayor temor con usar mi voz. con. la escritura. es
que nunca podemos dar los mismos consejos a todo el
mundo y no todos saben entender eso. es decir. hay
personas que necesitan aprender a escuchar. y otras
que necesitan aprender a ser escuchadas. hay personas
que necesitan preocuparse más por los demás y algo
menos por sí mismas. y otras que nunca se han mirado
a un espejo sonriendo. hay personas que tienen que
aprender a dar sin esperar solo recibir. y hay otras que
aún no saben lo que es recibir. que no creen que
esa posibilidad esté en la ecuación.

temo que la persona que ya es egoísta. me escuche
alentando a la que nunca lo fue. y se vuelva más
desconsiderada en lugar de más empática. pensando en
su alarde de ego que no existe conversación en la que
no tenga lugar. que la persona que siempre se da a los
demás me lea aquella vez que dije que necesitaba más.
de alguien. de mí. de la vida. y vaya a dormir creyendo
que quizá no fue suficiente. temo ralentizar el
crecimiento. en lugar de potenciarlo. y sobre esto solo
puedo insistir en lo importante que es tener un
cuerpo. mente. y alma. que es propio. y saber usarlos.

— pensamiento crítico. no todo es sobre nosotros y eso
está bien

las relaciones se desmoronan
o se acaban
o se destruyen
o cumplen su ciclo

— *relaciones. románticas. paternales. maternales.
familiares. de amistad. de compañeros.*

la violencia contra hijos
es
una enfermedad
hereditaria
no porque los hijos golpearán
también a los suyos
sino porque se seguirán golpeando
a sí mismos

— la violencia es un idioma a evitar

tu pasado reposa en calma
cuando duermes
y oigo el sonido de tu respiración
subir y bajar
desde el espacio de tu pecho
cada nota
cada palabra
cada sílaba que escucho
a veces trato de responderte
solo mientras duermes y
me siento como
un animal salvaje
tratando de aprender a hablar
por primera vez

— *lenguaje*

no sé si es cariño o hambre
lo que siente cuando me besa
pero tampoco sé si me importa
mientras se quede

ahórrate el viaje
para robarme el respeto
la dignidad—
antes de que vengas a quitármelos
ya serán tuyos porque
no puedes quitarme algo a lo que yo
ya he renunciado

— *agencia | reapropiarse | cuando me preguntas*
  por qué me 'insulto' | maricón

cuando algo no tiene nombre. es fácil perderlo. el
nombre no limita la identidad ni el valor intrínseco de
lo que nombra. tan solo lo llama. tan solo reconoce que
está ahí. y que existe.

– gay | etiquetas

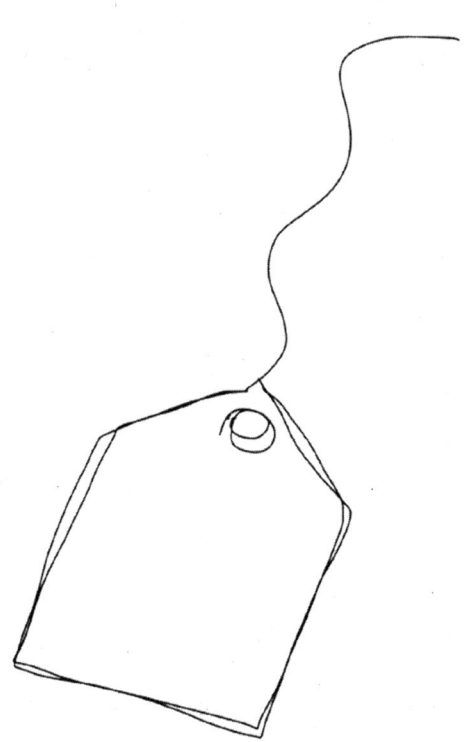

es una idea ridícula que me hables de *lo que piensas*
cuando la conversación es sobre quién. soy.
ser es un hecho
no una opinión
no tienes que estar de acuerdo con lo que soy
tan solo
como hacemos con tantas otras cosas que no
entendemos pero que no hacen daño
dejarlo ser

dejar ser
no es
permitir

es
una acción proactiva de no
perturbar a un ser que ya es
no molestar o alterar el transcurso
de su bella. existencia

(tú no eres nadie para permitirme ser
la única existencia sobre la que tienes poder
es la tuya)

— matices

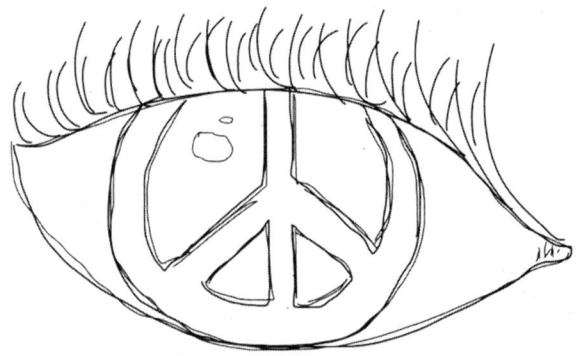

después de tantísimos miles de jóvenes acosados. agredidos. tantísimos otros que se quitan la vida por no aguantar el peso inaguantable que otros ponen en su joven existencia. sigo preguntándome por qué no enseñan en el cole. en el insti. en la universidad siquiera (a no ser que decidas estudiar psicología evolutiva). que las relaciones entre personas del mismo género o sexo. son evolutivas y naturales. no por 'agendas políticas' ni tonterías que las personas usan para deshumanizar a otras personas. prostituir su dignidad. y tratar sus derechos como monedas de cambio. sino porque es cierto. empírico. real. es la naturaleza. la manera en la que el mundo funciona. y aun así esa verdad se nos niega. sugiriendo que demostrar la humanidad de a quienes se la quitan es algo sucio. pervertido. fomentando así indirectamente el prejuicio y las ideas negativas contra la gente que es. y siente así. eligiendo no hacerles ver. que son parte de un todo perfecto. que son una parte necesaria y esencial de la naturaleza. al igual que las demás partes. que no son una anomalía. sino una llamada. que están aquí. porque aquí. es exactamente donde tienen que estar.

— *la naturaleza es sabia*
  (el currículo escolar no tanto)

el pensamiento crítico es importante
porque sin él
el odio crece libre sin el muro de la razón para pararlo
sin el muro de la lógica y el sentido común
que funden opiniones sin sentido que se disfrazan de
argumentos contrastados
el mundo sería un lugar mejor
si las personas tan solo entendieran la diferencia entre
una opinión y un argumento
la subjetividad y la objetividad
el trauma colectivo de ser marginalizado
los privilegios de no serlo
que la bisexualidad. homosexualidad. y
heterosexualidad son compatibles. normales y
evolutivas
en lugar de tan solo tener actitudes reactivas hacia
las palabras solo por a lo que les recuerdan
en lugar de por lo que son

— por qué no enseñan esto en los colegios

no me pises el cuello diciendo que es *tu opinión*
solo para repetir cuando te diga que pares—que no
tienes derecho a hacer eso
que esa es *tu opinión*
que eres libre de expresarla
de ser
aun pisándome
porque estas tan convencido de que tu existencia vale
más que la mía
que tu sentimiento más subjetivo y parcial
es para ti una obvia realidad
y
mi dolor más objetivo
mi sangre en el suelo
mi gente sin aire
se convierten en una *opinión*

— *deja de decir estupideces. abre un diccionario y
busca 'opinión'*

no existe tal cosa como
la opinión sobre la humanidad de alguien
yo soy.
y
tú eres.
esa es la realidad.
tu opinión al respecto de mi existencia es indiferente.
y así es la mía respecto a la tuya.

— sobre la humanidad de alguien no se opina

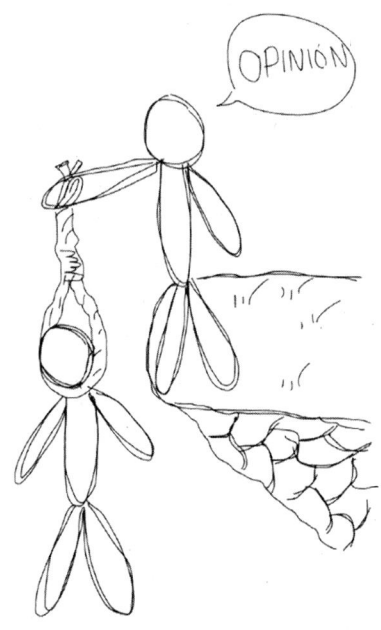

si tú me escupes en la cara
y
me molesta
eso no es mi opinión
esa no es mi 'sensibilidad'
eso no es ser de 'cristal'
tú me has escupido en la cara
exigir consecuencias por lo que tú has hecho
es una respuesta natural a ser
escupido en la cara

— *cuando hay que explicar hasta lo más obvio es*
  cuando sabes que no quieren entenderte | elección

dejar ser
implica humanidad
no puedes deshumanizar cada cosa que hago
desde la distancia
esperar a cualquier movimiento 'en falso' de mi parte
que pueda ser malinterpretado
para aprovechar la ocasión y demonizarme
justificar tu odio hacia mí
tirarme
y llamar a eso respeto

— migajas que no son nada más que humo |
técnicas de distracción para seguir odiando

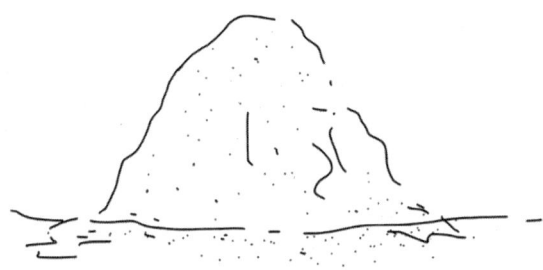

sé que intentarás echarme la culpa
por levantarme
porque no pensabas que lo haría cuando
me tiraste
sé que tuviste tiempo
más que de sobra
para crear una narrativa que no dejara cabos sueltos
mientras yo estaba inconsciente
sé que muchos te creyeron
unos porque querían y otros
porque te encargaste de que no pudieran escuchar nada
que les hiciera pensar lo contrario
pero sabes qué
la verdad pesa más que lo que tú y yo intentemos

— la verdad es un peso sólido
y todas tus mentiras son aire y niebla

supongo que ser de cristal significa
reflejar
como un espejo
las cosas que llevas toda la vida intentando no ver

— *ceguera voluntaria | luz que es fuego*

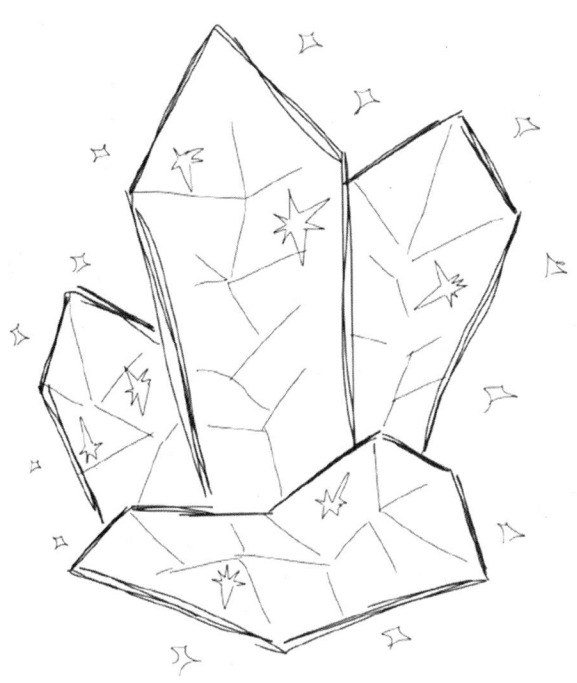

que a tu hijo le gusten los chicos es natural
que a ti se te escape entender algo que han escondido a
propósito de tu conocimiento. también puede serlo
lo que no es natural
es que tú como padre
veas a tu hijo
ser
la manifestación de lo que vino a este mundo a hacer.
sentir. a ser en su vida
y aun así
elijas antes tus prejuicios. tu fe amarga
la opinión de tus amigos del bar
de tu pareja. tu 'reputación'
el cúmulo de una vida (vivida) de traumas sin resolver
antes que la suya (que aún está por empezar
por lo que
necesita suelo firme en el que pisar
y no arenas movedizas)

— *cosas inaceptables que son socialmente aceptables*
  (el mundo al revés)

cuando escondes algo
por miedo
no sueles mirar
si es
cosa
ser
persona
no sueles mirar si está respirando
si está bien ahí escondido
solo tapar esconder
irte

ahora
todo lo que asfixiaste (y nunca querías volver a ver)
está volviendo a ti
en forma humana

— *y no puedes parar algo que ya está despierto | cristal*

el mundo está al revés
y hay que darle la vuelta
por eso escribo

— *manera*

tú dices
eres de cristal

yo oigo
no me quites la venda
o nos rompo a los dos

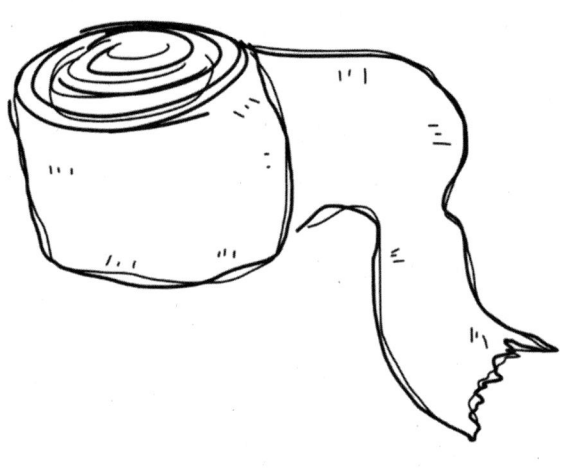

cuando era niño. aprendí a existir en silencio.
a cantar. bailar. reír. ser. hacia dentro. no porque lo
eligiera. sino porque la otra alternativa era vivir
ensangrentado. es complicado. a veces pienso que
podría haber vivido más tiempo entre sangre. que
quizá merecía la pena sangrar hasta quedarme seco. y
volver a otra vida repuesto. que quizá ese era el
propósito de mi sangre al fin y al cabo. usarla para ser
yo. como un respaldo líquido que se regenera y me da
margen. esperanza. oportunidad. de seguir siendo una
y otra vez. quizá mi cuerpo se regenere por el mismo
motivo. esté hecho para resistir. y sea yo el que no
quiere. así que supongo que de alguna manera lo elegí.
pero lo más importante que aprendí tras existir en
silencio. es que el silencio de algunas personas habla.
es que algunas personas. no tenemos la opción. de
elegir el silencio. aunque lo elijamos. aunque lo
queramos. aunque lo deseemos. el silencio es un
privilegio. otorgado a las personas cuya existencia no
causa polémica. cuyo ser es respetado. lo suficiente.
como para elegir poder desaparecer de vez en cuando.
sin que nadie sienta la necesidad de traerte de nuevo a
la vida. a la luz. para seguir haciéndote daño.

— *cuando tu luz brilla en la oscuridad*
  (y por lo tanto quieren apagarla)

llegó un día. en el que la situación extrema acabó. y la intensidad del mundo bajó muchos tonos. mi mente lo sabía. mi cuerpo sigue sin saberlo. mi cuerpo buscó. buscaba. busca. refugio en personas. refugio en abrazos. refugio. en brazos. que le protegieran. porque no ha entendido que el mundo ya no es un lugar del que deba ser protegido. porque mi cabeza. no consigue explicarle. convencerle. de algo que ni ella misma cree. mi cuerpo. mi mente. mi alma. buscan refugio desde entonces. y solo encuentran puertas cerradas. solo buscan el amor. cariño. respeto. reafirmación. que no tuvieron. (la sangre. energía. familia. que no conocen.) en desconocidos. he intentado darles ciencia. darles sabiduría. darles poesía. darles besos. darles cura. pero solo buscan una máquina del tiempo. aún no saben si para volver atrás y deshacer todo lo que les hicieron. o avanzar hacia delante y descubrir cuánto queda para volver a casa. de vuelta a nosotros mismos.

— *de vuelta a quien un día fuimos*
(y posiblemente nunca más seamos)
cuando rompieron tu luz y no sabes cómo arreglarla

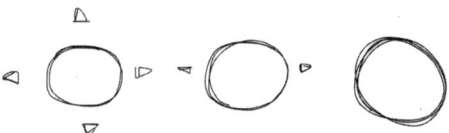

no busques las palabras
deja que ellas te encuentren

— *involuntario*

no le encuentro sentido
a sentarme delante de una pantalla
y pretender forzar la vida
no lo hice nunca y espero
no hacerlo
para mí eso es fingir
tal y como yo lo siento
primero se vive
se siente se quiere
se rompe se recompone
y cuando menos lo esperas
es la vida
la que te encuentra a ti

y entonces solo tienes que escucharla

— la poesía es un arte del subconsciente

el arte no debe ser bonito
debe ser sincero

— *perspectiva*

no puedes alejarte
no puedes desaparecer
no puedes esconderte
de quien eres
porque estás dentro de ti
y al final
siempre te encuentras

— ahí dentro solo tienes un lugar al que ir

el complejo de la dominación
es
el complejo más antiguo del mundo
el miedo
a ser demasiado poco
demasiado pequeño
demasiado solo
demasiado uno mismo

hay una diferencia
entre la dominancia
y la ausencia de sumisión

romper tu pie en dos
por
ponerlo en mi cuello
no significa que sea dominante
no significa
que quiera dominarte

— parar algo no es ir a buscarlo

me miras. y toda esta sangre es agua. todo este suelo. arenas movedizas. todos estos cimientos. aire. todo este amor. duda. todo este cariño. dolor. toda esta familia. sangre. todo este compromiso. recuerdo. eso es lo que pasa. cuando te quedas.

— *por eso me voy*

siempre escribo en fuego con las flores de mi garganta
de esa manera
mi trabajo permanece suave y bruto
al mismo tiempo

las personas tendemos a confundir nuestra lente
subjetiva con la que vemos el mundo
con el mundo en sí
ya que así es como nosotros lo vemos

cuando por lo tanto
tu madre. padre. no te ve
o
cuando ve vergüenza en quien eres
puede tener miedo a que salgas al mundo
puede temer desde su más profunda sinceridad
que otros te pisarán como ellos harían (como ellos
hacen)
pueden terminar por convencerte de su verdad
que bajo ningún concepto debe ser la tuya
cuando en esa verdad
tu ser
quien eres
solo cabe a medias

— *no se puede existir a medias | cuando solo aceptan*
   lo que les parece aceptable de ti (y desechan el resto)

cuando siento que
no me queda más sangre
para escribir mi historia
miro todo lo que esta sangre
ya ha hecho
toda la vida que he crecido de esta sangre
todas las veces que esta sangre
me ha enseñado el camino
me ha curado
me ha llenado

y por un momento
es como si todo el veneno desapareciera y
a la vez
toda la sangre que alguna vez perdí
volviera a mí

— gracias | veneno

una de las mayores desgracias de tener un entorno
que no te ve
es terminar creyendo
que eres invisible

— *su visión del mundo es suya y quizá tú no cabes*
en ella (pero tú cabes en la visión de millones
de personas. que quizá aún no has conocido)

una de las mayores desgracias de tener un entorno
que no te ve
es que su visión
no suele ser personal

si alguien no te ve
suele significar que
no es que no te vea a ti
sino que no ve a la gente como tú

cuando no ve a la gente como tú
es fácil pensar que eso es algo común
es fácil pensar
que nadie más te verá

y para ti
es peligroso llegar a creerte invisible
por vivir entre personas cuya visión
fue diseñada
para no verte

asegúrate de crear una visión del mundo
de
tu mundo
en la que tú mismo quepas
en la que tú mismo puedas existir (en paz)

— *trabaja en no existir en culpa*

tu existencia es un milagro evolutivo
maravillosa
y válida
como la de cualquier otra persona

si no debieras existir
no estarías aquí
estás aquí porque aquí
es donde debes estar
justo aquí
es donde viniste
a estar

— no dejes que nadie te haga sentir lo contrario

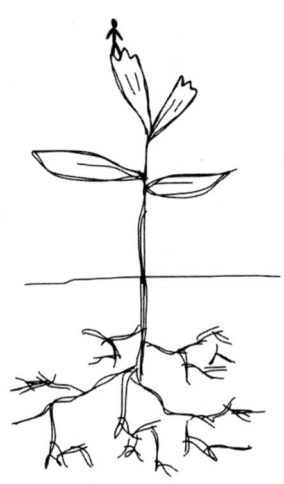

hay una pared
entre
todo lo que soy
y
todo lo que el mundo te dijo que soy

que cruces esa pared
con
toda esta masculinidad aferrada a tu garganta
es algo que ya no espero

— *opción | duelo (no sé quién pierde más. el que no es*
   apreciado a pesar de tener tanto por lo que serlo. o
   el que no es capaz de ver tanto que apreciar)

que no te aprecien por lo que eres
no es
la mayor desgracia

que tú
no te aprecies por lo que eres
solo porque
otros
no lo hagan
sí

— no es fácil taponar tú solo toda esta sangre que
emana. de ti. (pero a veces lo difícil
es lo único que sirve)

soltar
toda esta masculinidad que se aferra a tu garganta
y
no te deja respirar
no significa
hacer algo con lo que no te sientes tú
significa
no retorcerte de miedo. dolor. rabia.
cuando otros hombres. hacen algo
con lo que no te sientes cómodo. tú.

— *ser hombre es bonito. no hace falta una soga al cuello*

los hombres son
grandes o pequeños
masculinos o femeninos
fuertes o delgados
ricos o pobres

ninguna de esas cualidades
ninguna de esas etiquetas.
les hace más ni menos hombres

— hombría
(una voz grave y bíceps. no te hacen menos. más.
hombre.
te hacen ser un hombre. con voz grave. y bíceps.)

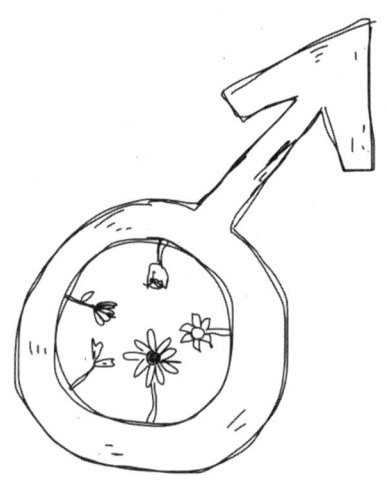

los sentimientos no son

ciertos o inciertos
verdaderos o falsos
válidos o inválidos

son fenómenos naturales que tan solo ocurren
que tan solo son

— *a la biopsicología no le importa el juicio ajeno*

nadie tiene que validar lo que sientes
para que sea más o menos válido
porque ya lo sientes
no es bueno o malo
es real

— no juzgues tus sentimientos. si acaso examina
de donde vienen

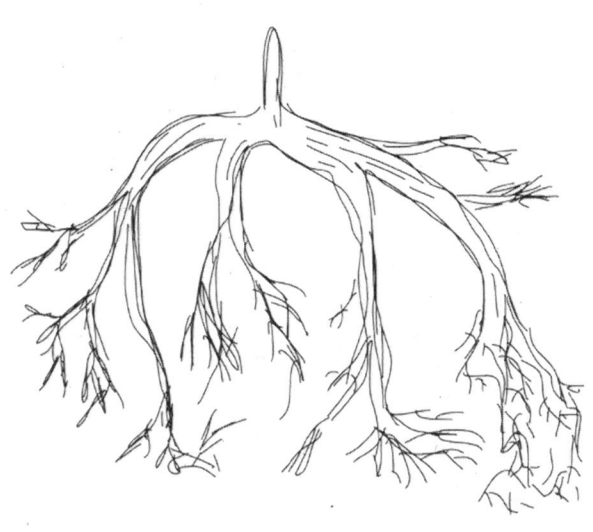

cómo te sientes
es
cómo te sientes
es un hecho irrefutable
una realidad
lo cuestionable puede ser
cómo te comportas
a raíz del sentimiento

no necesitas la aprobación
de nadie
para sentir algo
deja
de darle
ese
poder
actuando
como si así fuera

he visto a quien más quería
intentar
beberse a sí misma fuera de su propia existencia
una y otra
una y otra
una y otra
vez
limpiar tu sangre
tu vómito
mirar tus ojos sin vida
preguntarme si saldrás adelante tras esto
solo para que tras salir
vuelvas a entrar

— *cuando la persona que más quieres trata de beberse*
  su propia existencia | adicción al olvido

para mí el alcohol no es una noche
es un viejo amor
que te da la mano hasta que sin apenas darte cuenta
te hace olvidar quien eres
mientras más le ves
más olvidas el camino a casa de vuelta
a ti

— por qué nunca bebí | quiero volver a casa

sentir. y los sentimientos. no van por encima de todo lo demás. pensar. comportarse. ser responsable con nuestras acciones. la madurez. las capacidades. son cosas esenciales que a menudo olvidamos. esto. no significa que los sentimientos. sentir. no sea importante. pero cuando nubla a todo lo demás. cuando se apodera de tu ser. y se prioriza por encima de cualquier otra cosa. todas las partes pierden.

si sigues a rajatabla tus sentimientos. y estos te llevan a hacer daño a otra persona. a ser cruel. despiadado. desconsiderado. no estás haciendo 'lo correcto' por seguir lo que sientes. hay que encontrar la sintonía entre sentir. y ser responsable. pensar. nuestras capacidades. y madurez. es importante no olvidarse de ninguno.

deberíamos aprender a considerar importante. todo lo que es importante. no solo lo que sentimos. porque lo estemos sintiendo.

— *urgencia*

no hay cosa más bonita. que cuando veo a alguien que muestra el equilibrio. la balanza. entre poder ser asertivo. sin ser egoísta. cuidarse a sí mismo. y ponerse en su sitio. sin necesidad de ser desconsiderado hacia otros. elegir sabiamente sus batallas. sus guerras. sin olvidar que ni puede (ni debe) acapararlas todas. ni es justo. quedarse de brazos cruzados por ello. una persona. que vea el matiz. escalas de grises. y no vea el mundo solo en blanco y negro.

— los brazos en los que me quiero quedar a dormir

no te dio la vida. no saliste. de dentro de su oscuridad. no creciste en su vientre. pero fue el primer hombre de tu vida. toda esta vergüenza. todo este amor tibio. toda esta sangre. todo este cariño agridulce. todo este dolor. te dieron la mano. antes de que siquiera supieras. decir 'papá'.

— *transfusión de vergüenza masculina*

intenta que
el primer hombre de tu vida
no sea
el único hombre de tu vida
no sea
el único modelo de hombre posible en tu vida
no sea
el motivo por el que no quieras más hombres
en tu vida

— confianza en retrospectiva

estoy sangrando
sangrando
sangrando
sangrando

bebiendo. comiendo. sangre. para el desayuno. comida.
y cena. sangre. es todo lo que conozco. es todo. lo que
soy. la sangre. es la única compañera. que no me ha
fallado. que se ha sentado aquí conmigo. viéndoles
marchar. viéndoles entrar. viéndoles salir.

y de repente tú apareces con tu kit de primeros
auxilios. y tus tiritas. y en teoría debo tener en cuenta
tus buenas intenciones. tu buen corazón. tu empatía. tu
buen gesto. pero lo único en lo que pienso es que. a ti.
quién te ha dicho que yo quiera dejar de sangrar.

— *osadía | quién eres tú para echarla si ella vino antes y
estará mucho después de que te hayas ido*

viniste al mundo
(como todos)
lleno de necesidades por satisfacer
la ternura. el afecto. el calor.
pero
cómo puede enseñarte ternura
alguien
que no la conoce

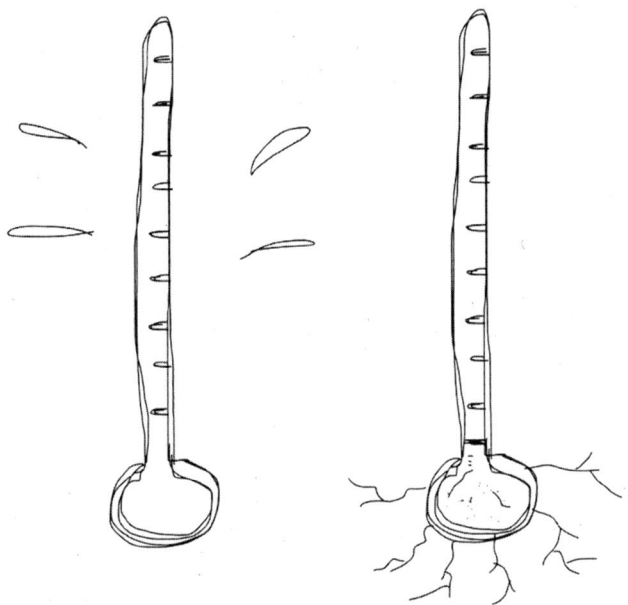

tu cuerpo ya sabe la verdad
independientemente
de si tú
estás listo para oírla
o no

— *la tiene dentro*

la humanidad escribió en nuestro adn. que los padres
cuidarían. protegerían. guiarían. a sus hijos. y los hijos
honrarían a sus padres.

pero si sus padres no protegen. humillan. golpean.
insultan. si sus padres no cuidan. de sus hijos. qué van
a honrar los hijos de los padres. más que una mentira.

— fingir que algo es no hace que sea

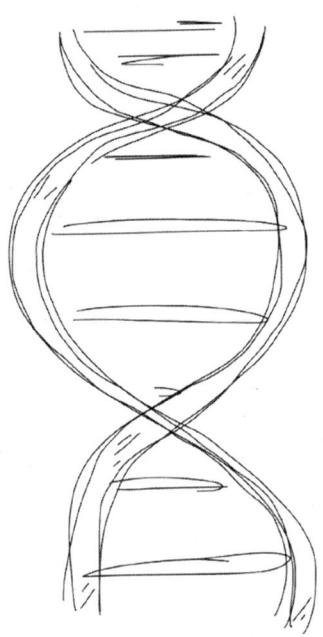

tu ~~opinión~~ odio sobre mí
es crueldad
falta de empatía
deshumanización
ignorancia
agua en la garganta

quédatela para ti

— *me es indiferente lo que ~~opinas~~ odias de mí*

hay grandiosidad en tratar
los puntos de vista con los que difieres
y las personas que los expresan
con dignidad y respeto

pero muchas personas confunden
los puntos de vista
con faltarte el respeto
muchas personas en su ignorancia
se creen con derecho a mancillar
tu dignidad y respeto
enmascarando sus ataques de
humilde 'opinión'
para así forzarla en tu garganta
y esperar que (te la tragues) la respetes
(aunque te ahoguen)

— soy una persona respetuosa. y no voy a respetar que
me escupas en la cara

si
lo que te hicieron
te duele más
que
la compasión
amor
cariño
respeto
que alguna vez mostraron hacia ti
duele más
que todo el amor que te dieron
quizá
es momento de
marcharse

(y que el peso de la ausencia
oxigene algo
de vuestro
dolor)

— *señal | quizá así respire en paz*

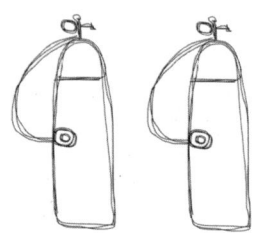

a veces la presencia
pesa más que la ausencia
a veces
es el peso de la presencia
y no al revés
el que no nos deja
respirar

*— la convivencia es empatía. convivir con alguien
que es agua en tu garganta es asfixiarse*

que alguien se moleste
porque
tú
tomes una decisión
no significa que no sea la decisión correcta
no significa
que hayas sido egoísta ni desconsiderado
con esa persona
a veces es natural que las personas
se molesten
por las decisiones que tomamos
y no pasa nada

la empatía es necesaria. pero no contenta
a todo el mundo

— la empatía es un oasis no un superhéroe

la empatía es un collar precioso
no dejes
que lo conviertan en soga
aquellos que aún no la conocen

— asfixia emocional | abusando la empatía

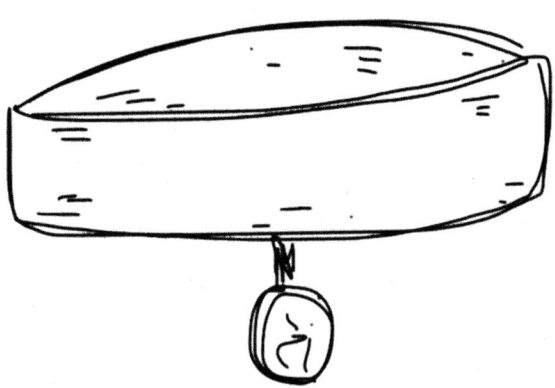

hay una diferencia entre que no tenga empatía hacia ti
y que mi decisión no te guste. no intentes usar mi
advocación por la empatía para llevarme al suelo si no
hago lo que tú esperas. egoístamente. diciendo
tonterías como 'si quisieras que fuera feliz harías x'. o
'si fueras tan empático como te crees harías y'. yo no
te debo nada. yo no te sirvo. ni tengo nada que hacer
por ti. nada que demostrarte. nada de lo que yo soy.
digo. ni pienso. te pertenece.

y luego. no podemos pensar los dos en ti. la empatía.
de hecho. también es balanza. y no me vas a manipular
haciéndome sentir culpable por no hacer lo que tú
quieras. sean cuales sean tus intenciones. pero más
aún. cuando pretendes claramente que me preocupe y
desviva por tu 'felicidad'. aun a costa de la mía.

— *no gustarte me es indiferente | abusando la empatía ii*

no me voy a sentir
mala persona
por
no hacer
lo que tú quieras
que haga

— manipulación

muchas personas buscamos ser oídas. y vistas. aunque
a veces se nos olvida. oír y escuchar a otros. a veces se
nos olvida. que lo que implica ser vistos y oídos. es
conexión. es también volcarnos. preocuparnos. querer.
ver y oír. a otras personas. a veces tenemos deseos
egoístas como si la vida fuera una experiencia
unidireccional. cuando la vida somos todos juntos. la
vida son relaciones conjuntas. la vida es conexión. y
no solo los deseos y las necesidades. de uno mismo.
(además que. es la conexión. la que lleva a que unos y
otros nos veamos y escuchemos de manera natural.)

— *narcisismo*

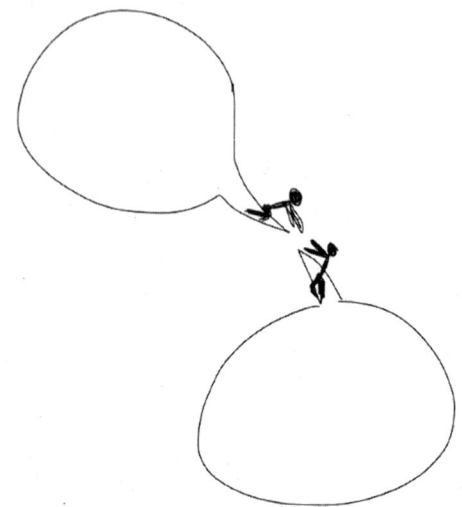

nunca debemos olvidar. cuando nos relacionamos con alguien. que sus deseos. límites. y necesidades. son tan importantes como los nuestros. a veces nos centramos demasiado en nuestra salud mental. nuestras metas. nuestros logros. nuestro camino. a veces tenemos tanta hambre de ser. que olvidamos que aquellos con quienes nos relacionamos. también son. que no son personajes secundarios en la vida. sino protagonistas. al igual que tú. no hay cosa más bonita. y humana. que verlo y no pisar los deseos. sobrepasar los límites. ni ser desconsiderado con las necesidades de otros. solo porque queramos o necesitemos algo que conlleve serlo. no somos el centro del mundo. de cada conversación. de cada proceso. y eso es maravilloso.

— juntos

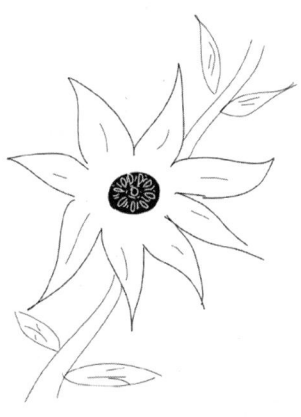

a veces
la violencia es crear un agujero tan grande
en la mente. sangre. carne. de alguien
que
cuando el peso de tu presencia
se alivia
la persona
ya no sepa cómo respirar

— *el vacío de la violencia es salir a buscarla*

si tú eliges no verme
aun cuando me muestro
específicamente
a ti
no puedo hacer otra cosa que irme

— *cuando ganar a alguien es perderte a ti*

cuando hablo de
violencia.
no solo hablo de las manos en el cuello.
también
hablo de las manos en la espalda de la mente.
donde
no puede defenderse.
las manos siendo agua en la garganta. oído. la palma de
tu mano.
un río en tu nuca. que sube a tu ojo izquierdo.
también hablo de
las manos
en
otras partes del cuerpo. ser. alma. mente.
que no se tocan.

— *violencia son manos en sitios que no se tocan*

a veces quedarse es
elegir ser invisible
aceptar
ser
menos
de lo que eres
degradarte
comprometer tu
crecimiento y límites
por
aceptar
los de otra persona

— *huida*

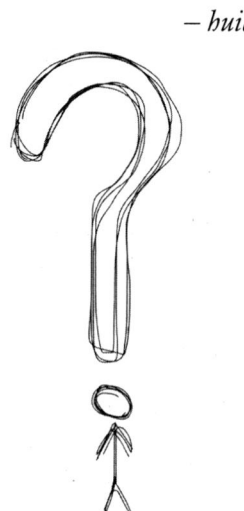

violencia

es

dar de sí con tus manos

el alma

de

otro. donde

debería haber solo vida

es

reducir humanidad a una herida.

la identidad a la sangre.

de manera que cuando tus manos no están

se echan en falta

y

quien las tuvo siempre encima

sale a ~~buscarlas~~ buscarse

— vacío

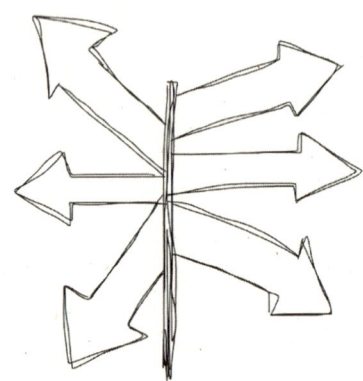

la violencia es un idioma. proporciona un sentido de
identidad. recuerdo. hogar. casa. la violencia vive
dentro de ti. vive dentro de ti. vive dentro de ti. pero tú
no eres ella. no te olvides de esto. si lo haces. ven de
vuelta a buscarlo. no te creas la mentira. no te creas la
mentira. no te creas la mentira. pues te hará daño. deja.
de creer en lo que te hace daño. es una idea. que solo
quiere hundirte.

no te hundas. no te hundas. no te hundas. el cielo es
bonito. aquí arriba. y la subida es más lenta que la
bajada. te quiero arriba. te quiero arriba. te quiero
arriba. ya sé que la violencia pesa. que es un tatuaje
que no elegiste. y ahora no sabes cómo borrar. yo sé.
que desaprender un idioma cuesta más que aprenderlo.
que es más fácil buscar olvido en quienes hablan la
violencia. aunque te lleven más abajo. pero tienes que
entender algo. tú. no eres la violencia. tú no eres la
violencia. tú no eres la violencia.

ven aquí. y siéntate con estas palabras. pasa tiempo
con ellas. vuelve a casa. de vuelta a lo que no te hace
daño. de vuelta a lo que no te cuesta ser. no dejes que
crezca en ti. no dejes que crezca en ti. no dejes que
crezca en ti. no la escuches. solo quiere hacerte daño.
haciéndote pensar que sin ella no eres tú. cuando en el
fondo ambos sabemos que tú. tu cuerpo. tu vida. tus
ganas. son tuyos. que tú. eres de ti. y no de tu sangre.

la jaula de las mentiras
no es
una
realidad
que no ves
no es
una
identidad
que no conoces
no es
una
visión
que no percibes
no es
cariño
escondido
es
una jaula
de mentiras.

alpha

nada de lo que hagas
logres ni consigas
llenará el vacío
que deja
no quererte
a ti mismo

– alpha

cuando creces en un lugar donde tienes que explicar quien eres. para que te entiendan. donde tienes que defender quien eres. para que te respeten. cuando a veces ni así. te respetan ni te entienden.

cuando eso te lleva a seguir perfeccionando tus capacidades. de ser en silencio. de explicar. y defender. tu existencia. de bajar de donde no puedes bajar más para quienes te ven a esa altura. de vivir en zapatos ajenos.

cuando creces. y luego vas al instituto. para repetir ese procedimiento con sogas distintas. nunca el mismo dolor pero siempre a la misma altura. cuando esta. es tu vida. algo ocurre en ti.

tu ser. tus células. el agua de tu oído izquierdo. obedecen tus necesidades. hacen lo que necesitas. para sobrevivir. aprender lo que te hace falta. para seguir siendo en paz. que en este caso es evitar conflictos que amenacen tu integridad. física. primero. moral. segundo.

aprendes a ser un puente entre quien eres y quien deberías ser según el mundo en el que vives. por suerte o por desgracia. aprendes la habilidad. de verte. desde fuera. (a veces desde dentro. también). como te ven.

aprendes a entenderles y saber comunicarte con
quienes nacieron para no verte. y a veces hasta
consigues. después de tantos años siendo tú en la
oscuridad. alumbrar el camino de algunos. para que
finalmente. vean.

a veces. se convierte en parte de quien
irremediablemente eres. de toda tu bella. identidad.

a veces. nos pasamos la vida siendo faros.

— conciliar la visión | tept ii

nada de lo que elijas
compres o cumplas
compensará el dolor
que deja
no elegirte
a ti mismo

la búsqueda
de
validación
es
la búsqueda
más larga del mundo
es
la búsqueda
más dolorosa del mundo

— es la búsqueda de ti

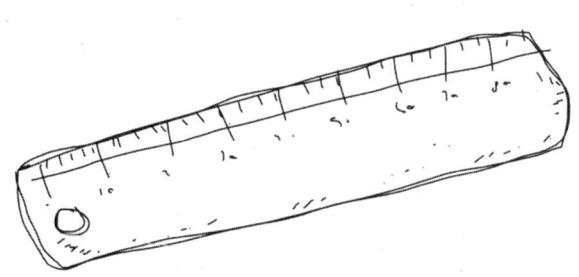

a veces da más miedo la nostalgia
que
el dolor

el dolor
el odio
el sufrimiento
son
emociones de rabia
y la rabia da energía
la energía nos hace estar
sentirnos
vivos

la nostalgia es
una emoción paralizadora
un peso por lo que o nunca fue
o ya no es
una ausencia de energía
que hunde

— *la rabia puede mutar a energía positiva*
   la nostalgia mata la energía

no hay nada más bonito
que ser una obra de arte en proceso

– infinito

sé que tu tipo de dolor. no es el mismo. no es lo
mismo. que lo que se cuenta. entiende. habla. como
'dolor'. que vienes de una tierra que quisieron
bombardear hasta que dejara de respirar violencia. que
quisieron asfixiar hasta que se volviera de color
democracia. sin preguntar antes si hablaban ese
idioma. si necesitaban aprender. el idioma antes de
tenerlo estancado en sus gargantas.

y ellos no entienden. no tocaron la guerra con sus
manos. no vivieron en un puente todas sus vidas.
sujetados por su sangre. fe. familia. no sangraron en un
país a veinte grados bajo cero. recordando que
cada decisión que toman les lleva más lejos de donde
vienen. de donde son. y que no hay marcha atrás. no
escucharon el llanto de su gente mientras la guerra
vino a por ellos. llevándoselos uno por uno. ni
temieron el sonido del teléfono. porque significara una
(otra) pérdida.

no es extraño traer la guerra contigo cuando me das un
beso. no es difícil sentir el aliento de la guerra. cuando
me hablas en voz baja y el resto de nuestras vidas
guardan silencio. porque quieren venir a oír. observar.
fotografiar. lo que es. como un animal en un zoo. pero
nunca vivirlo.

es difícil dejar la guerra en casa. cuando no tienes otra
casa que los brazos que te sostienen. aunque la guerra.
venga a por ellos también. aunque hasta esos se vayan.
aunque hasta esos te suelten. porque el corazón que los
agarra también se fue con ellos. aunque prometieran
nunca irse. de tu lado. qué pueden hacer si la guerra
apresuró a la vida. para que los sacara de aquí. qué
queda por hacer. cuando arrancaron todo lo que
querías de tu vida mientras dormías. mientras soñabas.
mientras vivías.

qué queda por hacer. cuando cada vez que nos tocamos
redescubrimos. que por mucha sangre ajena que
bebamos. no queda nada. de nosotros. fuera de este
sueño. fuera de la guerra.

— *cuando quererse es un sueño*
سوريا

la violencia es una boca que no sabe respirar

suelta. suelta. suelta. suelta. mi cuello. ya no quiero seguir hablando. contigo. pensaba que el arte implicaba destrucción. pensaba. que tenía que doler. me has mentido. me han mentido. me he mentido. ya no queda nadie a quien culpar. no quiero volver a verte. no quiero volver a verte. no quiero volver a verte. pero. abrázame antes de irte. hace frío y está oscuro. soy una herida. algo pequeño. para tus brazos. sostén mi vida en la palma de tus manos. atrápame. suéltame. necesito que me atrapen. para sentirme libre. qué sentido tiene la libertad. sin una jaula por romper. solo sé hablar rompiendo jaulas. solo sé hablar. entre barrotes. cadenas. mordazas. tengo miedo a ser libre por demasiado. tiempo. tengo miedo a que todas las heridas cierren. y. ya no sepa quién soy. estoy aterrorizado. cuando se me acaba la sangre. y no puedo seguir escribiendo. ven aquí antes de irte. a hacer un poco más.

— la primera historia

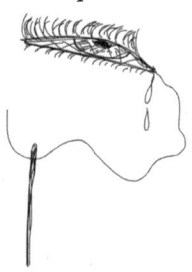

a veces el peso de la verdad
escuece a quien nunca quiso oírla
a veces molesta
cuando pasaron tanto tiempo
diseñando mentiras preparadas
para cubrir los huecos que hicieron
a veces se enfadan tanto que vienen a por ti
te insultan
infravaloran
tratan de poner a otros en tu contra
de desprestigiar.te. a tu trabajo
pueden seguir haciéndolo
que para dormir. vivir. ser
en paz
solo necesito saber que estoy en sintonía
con la verdad
que en mi vida
en mi arte
la verdad y la empatía se dan la mano
que nunca quise más que
a través de ambas
conocer la verdad. vivirla
y todo lo demás
es un efecto colateral

— *no viviré en una jaula de mentiras solo porque te*
  venga bien

por qué
un hijo
debe
entender
que
su padre
no le entienda

acaso no hubo tiempo para prepararse
acaso vino de repente
acaso fue su elección
nacer para ser un enigma

— secreto

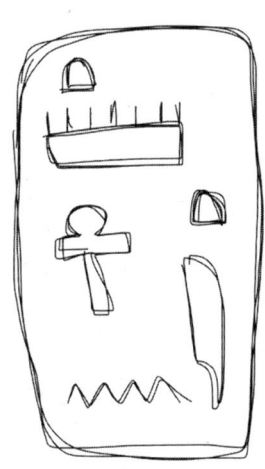

por qué
un hijo
tiene que entender
que
su padre
no le elija

acaso es todo un ensayo
y tiene a alguien más
que saldrá en el siguiente acto

— *padres figurantes*

nadie debería crecer sintiéndose un enigma
indescifrable

por qué
un hijo
tiene que entender
que
su padre
no le respete

acaso es un seguro a todo riesgo
una garantía cubierta
que no hace falta proteger
acaso no es su función primordial
enseñarle que merece un lugar digno
en el mundo

qué me vas a contar de ser invisible
de no encajar
de ser un bicho raro
cuando
llevo toda la vida simplificándome
reduciéndome
al tamaño de
ojo ajeno
para ser entendido

— simple

tú ya viviste esa vida
no pierdas más
tiempo
bailando
con la vieja vida
cuando
hay otra vida esperándote
hay
decenas. cientos. miles
de
otras vidas
esperándote

la vieja vida te dejó porque eso era lo mejor. la vieja
vida. sabía. sabe. que tú tienes muchas más vidas. por
vivir.

— escúchala

el sexo
es
el intercambio de energía
más íntimo
que existe
piénsatelo antes
de
dejar
que entre en ti
toda esa vergüenza
todo ese dolor
todo ese prejuicio

— *cuando quien te falta. faltó. faltaría el respeto.*
  quiere entrar y te lo estás pensando

el sexo
es
el intercambio de energía
más íntimo
que existe
piénsatelo antes
de
entrar
dentro de
toda esa vergüenza
todo ese dolor
todo ese prejuicio

— *cuando quien te falta. faltó. faltaría el respeto. quiere*
que entres y te lo estás pensando

para bien o para mal
nuestros cuerpos tienen
memoria

son un mapa de vuelta
a quienes fuimos

— *somos*

la violencia es un idioma

no hay nada más estúpido
denigrante
bajo
que
un grupo de personas
sentándose a debatir
decidir
votar
si
otro grupo de personas
debería tener el mismo valor
dignidad
valía
que ellos

— *cáncer*
   (el cáncer de nuestros tiempos es que unos seres
   humanos crean ser alguien para decidir sobre la
   humanidad de otros seres humanos) | quizá
   deberíamos debatir tu humanidad

lo peor
es cuando el veredicto
es
positivo (humano)
y se supone
que hay que celebrarlo

*— migajas | como ratas hambrientas que reciben un
poco de queso y olvidan que nunca se sentarán en la
mesa | cuando sigues el juego (la mentira) y atrofias tu
espíritu. el agua de tus ojos. piernas. músculos. para
asumir el rol asignado. de rata hambrienta*

pero
tú
no eres
una rata hambrienta
eres el resultado de
una conspiración biológica
y
universal
que quiso que hoy estuvieras aquí
tú eres un halo de luz
ambas
único
y como los demás
aunque otros no lo vean

— *gafas | no vales menos porque otros finjan que sea
así. (ni vas a valer más por fingir que otros valgan
menos. aunque los convenzas.)*

pero no todos los idiomas caben en palabras. y
algunos. están diseñados solo para ser entendidos. de
lejos. hablados. en voz baja. como el idioma que se
aprende a oscuras. el más doloroso de todos. no porque
te haga sangrar. externamente. sino porque te asfixia
por dentro. es el idioma que aprendes. cuando llevas
toda la vida simplificándote. reduciéndote.
amoldándote. al tamaño de ojo ajeno. para ser
entendido. aceptado. querido.

— papiroflexia

la
humanoflexia
es
tener que convertirme en tus ojos
para
que me veas

— *tú puedes decirme que nadie me obliga. pero nadie*
  quiere vivir en sombra. tampoco

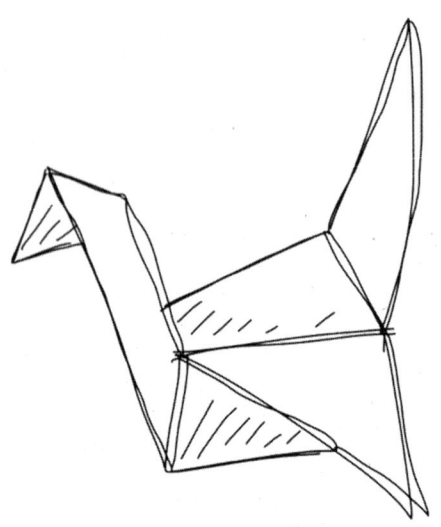

en cuántos brazos
tendré que quedarme a dormir
para darme cuenta de que
lo que perdí
no se encuentra en otros cuerpos

— diseño de interiores

encontraré los brazos más fuertes del mundo
que
me protejan de la idea de lo que temo
solo
para descubrir
que lo que temo es darme cuenta de lo poco que
importa ya

los brazos más fuertes del mundo
no te
salvarán
no te
sacarán
de donde no quieres salir

tan solo son un espejismo
de lo que querrías
que fuera una solución

— diseño de interiores ii

a veces buscamos cosas porque eso es más fácil
que pensar
es más fácil
que entender que al encontrarlas
todo puede
sigue
y a veces debería
seguir
igual

— *no busques fuera lo que ya tienes dentro. (lo que puedes.*
  construir. desarrollar. diseñar. dentro.) | diseño de
  interiores iii

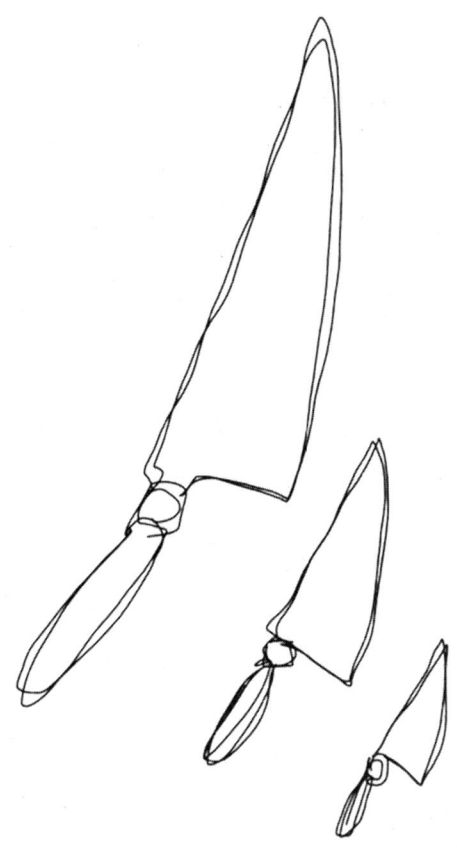

la violencia es un recuerdo

los músculos que buscas. los mismos que llevas
buscando. tanto como recuerdas. tan solo son un
espejismo de lo que querrías ser. tener. de lo que
querrías haber sido. tenido. cuando descubras que son
solo carne y piel. que huele a solución. cuando
descubras que la carne no sana a otra carne. sino a sí
misma. cuando por fin te veas. en lo que eres. más allá
del sudor y la carne. espero que te des la mano.

— *tú no eres carne | parcial*

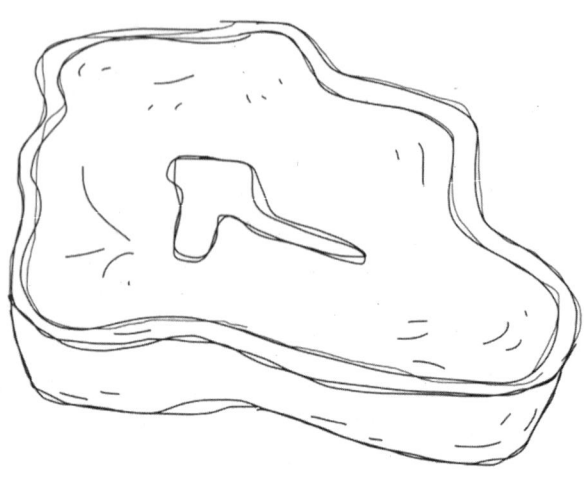

seguiste buscando dentro de mí incluso mucho después
de que te pidiera. repitiera. insistiera. que pararas. que
lo que había para ti. ya lo habías cogido. ya lo tenías.
que lo demás. era mío.

pero tú quisiste más. quizá porque no te conformabas
con menos de lo que veías. o porque ~~no te enseñaron~~
no quisiste aprender a ver la manera en la que no
estaba bien sobrepasar límites que no fueran los tuyos.
siempre y cuando estos se respetaran.

y así tus dedos siguieron bailando. cada vez más
deprisa. cada vez invitando a más partes de ti. a la
orquesta de mi cuerpo. de la que querías ser el director.

no sabría poner en palabras la sensación de despedida.
una sensación tan amarga. suave. conocida. volver a
ver a una vieja amiga. con la que ya no tienes trato.
con la que ya no quieres volver a ser uno. cuando quise
darme cuenta ya habías entrado donde no eras
bienvenido. y yo salía por la última puerta repitiendo
tus palabras en voz alta. a ti. a mí. a la vieja amiga. *un
placer haberte visto.*

— la última puerta

por qué me tocas. por qué me tocas. por qué me tocas.
si ya te he dicho. que no lo hagas. por qué sigues aquí.
por qué sigues aquí. por qué sigues aquí. en mi cuerpo.
si ya te he dicho que te vayas. cuál es la parte.
articulación. hueso. de mi cuerpo que no entiendes.
cuando todas te lo están gritando. dímelo. para poder
enseñarle a hablar más claro. el idioma de la violencia.

cuándo vas a darte cuenta
de que
todo lo que buscas
no está
en lo que lo estás buscando

— *la estúpida búsqueda*

cuándo vas a darte cuenta
de que
todo lo que buscas
no es algo
que te falta
sino algo
que ya eres

— *la estúpida búsqueda ii | te estás buscando a ti. mira*
  al espejo. sangra en paz. deja que toda esta agua.
  te lleve de vuelta a quien eres.

a veces me hablan de ti. de nosotros. como si la
amistad fuese una obra de casualidad. y no una obra de
construcción. como si tan solo encontrarse. significara
diseñarse. conocerse. quererse. escucharse. significara
cuidarse. quedarse.

— sofie

que te huelan. toquen. abran. laman. chupen.
muerdan. rompan.

que te huelan. toquen. abran. examinen. diagnostiquen.
rompan.

que te huelan. toquen. abran. graben. pregunten.
arranquen. rompan.

la
violación

la prueba
(el cuerpo)
que demuestra
la violación

la denuncia
sobre
la violación

son un trauma colectivo

— *el acto | la examinación | la denuncia*
   no son procesos tan distintos (el trauma conjunto)

a veces nos pasan cosas. difíciles. de entender. asumir. sentir. tanto que deseamos no decirlas en voz alta. con la esperanza de que eso borre su rastro. pero a menudo olvidamos que el rastro sigue. seguirá. en tu cuerpo. que abrirá una segunda boca dentro de ti. que se encargará de gritar y engullir todo lo que encuentre a su paso. haciéndose más grande. más dolorosa. más enfurecida. hasta que la escuches.

— *tu cuerpo necesita que le prestes atención*
o que le enseñes a olvidar también

cuándo viviré en la realidad
de que
no
se suponía que tenía que doler tanto

la moralidad no tiene nada que ver con cómo vistes
sino
con cómo te comportas como ser humano

vestir. vivir de manera convencional
y
tratar a la gente como basura
te hace ser basura

— la mierda no es menos mierda
porque le pongas un lazo

la violación
no
solo mete dolor dentro de ti.
también
mete mentiras

la mentira
de que
cualquier hombre
podría volver a romperte si te descuidas
es
la más dolorosa de las mentiras

— inhabilitar | confianza

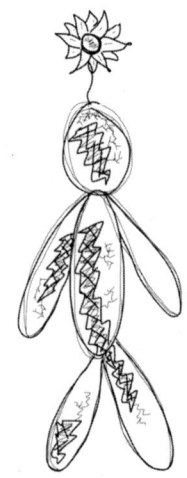

rompe. llora. sangra. sana. desgarra. escucha. habla.
grita. descose. salta. escupe. levanta. cae. descubre.
pierde. encuentra. busca. repite. sal. entra. esconde.
redescubre. mira. observa. oye. siente. palpa. agarra.
suelta. corre. vete. vuelve. haz lo que tengas. que
hacer. pero por favor. no creas la mentira.

— confía

no queda nada
no queda nadie
no huele a vida
más
que
a ti

abre los ojos
suelta las manos
deja que toda esta vida
vuelva a ti

confié en que esos brazos me protegerían
y acabaron agarrando mi cuello

— *fuerza*

no dejes de creer en un todo
porque
un
algo
te traicione

aunque te rompas
aunque te quiebres
aunque te caigas
aunque te dañen
aunque te traicionen

confía

— no hacerlo es perder dos veces

a veces las cosas vuelven
a veces no

a veces se enquistan
a veces no

a veces queman
a veces no

a veces te agarran el cuello
a veces no

a veces se quedan.
a veces te quedas.
a veces no

pero la vida sigue
de todas formas

— *sigue con ella*

quererte es volver al principio

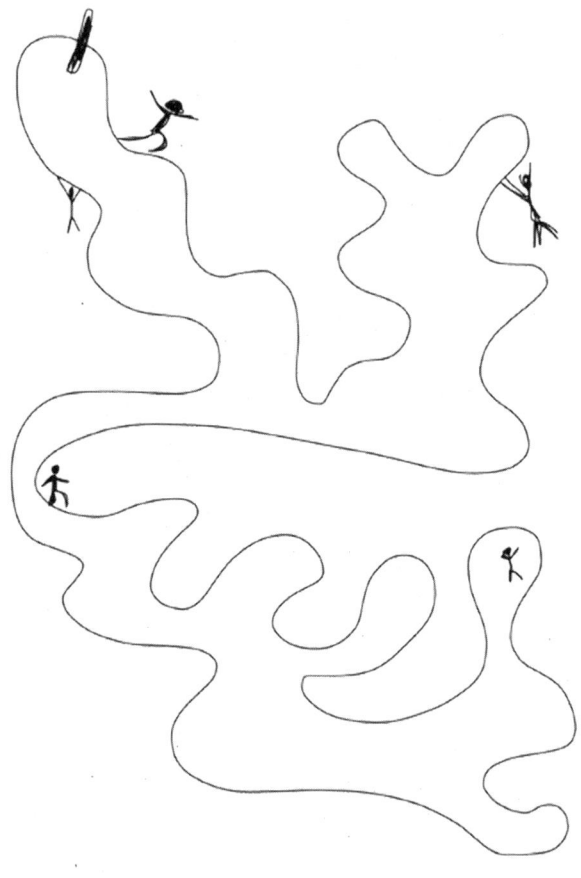

he aprendido de la forma más dura. que la forma más
dura. es a veces la única forma de aprender.

solo aceptaba hombres que eran armas. solo quería. un arma. en forma humana. que me protegiera de la guerra. de la vida. pero mi cuerpo no se esperaba. que el arma se convertiría en guerra. que ese hombre. sería la misma guerra. que se volvería en mi contra. mi mente le advirtió. pero mi cuerpo no hizo caso. pagó el precio. pagó el precio. pagó el precio. pagó el precio. y lo sigue pagando. toda esta sangre. aún no me ha llevado de vuelta a donde estuve. estoy sentado en silencio dejándome llevar por toda esta sangre. de vuelta a quien seré.

— las personas no son armas
y tuve que aprenderlo de la peor forma

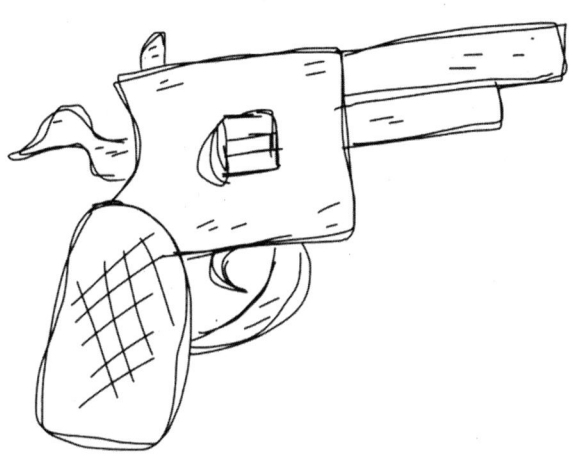

a veces me pregunto. por qué la vida me dio tanto dolor. por qué me dio tanto acoso. y violación. y bullying. y ser gay en un lugar en el que ser gay no era lo correcto. y ser yo en un lugar en el que ser yo no era lo correcto. y crecer solo. persiguiendo una nube. para seguir siendo incorrecto.

por qué si me dio una raja en el alma. tuvo que darme otra luego. y otra más. que cada cual me rompiera más. a veces me pregunto por qué no repartió el trauma de manera más equitativa. por qué cayó tanto peso sobre mis hombros. por qué veinte otoños parecen veinte vidas.

pero en el fondo me siento agradecido. las experiencias nos forman. nos seducen. nos lapidan. nos muestran como somos. pero también nos desarrollan. también nos crean. y ante el dolor me he convertido. diseñado. hecho. alguien profundamente. compasivo. me he hecho. resistente. firme. suave. duro. vivo. me he transformado tantas veces que ahora puedo observar. ver. y hasta ayudar. a otros a hacerlo.

todo este dolor ha desencadenado en muchas vidas que aún buscan cauce dentro de mi garganta. todas estas palabras. toda esta conexión. toda esta sangre. es bonita. y vienen de la herida. de no haber sangrado tanto quizá tendría menos cicatrices.

quizá tendría más sangre. y menos miedos. pero la
sangre en mi cuello. ojos. nuca. espalda. toda esta
sangre. goteando de mis muñecas.
también me ha dado vida.

– fragancia

eres un hombre y tienes miedo. tienes miedo. tienes
miedo. tienes miedo. de que vengan a quitarte lo que
siempre fue tuyo. lo que siempre creías. que fue tuyo.
pero te lo dieron arrancándonoslo a los demás. no
pudimos siquiera olerlo. antes de que nos lo
arrebataran. y te lo dieran en tu primer aliento.

ahora hemos venido a por él. y estamos todos juntos.
no tengas miedo. no tengas miedo. no tengas miedo. de
toda esta belleza. de toda esta. lucha. toda esta sangre.
no vino a hacerte daño. vino a existir en paz. estamos
aquí. los hombres. diferentes. los hombres. que
pensabas que no eran hombres. porque no eran como
tú. porque creías que eras el único con derecho a ser.
un hombre.

las mujeres. todas y cada una de ellas. todas las que
estamos. todos los que estamos. hemos venido a
recuperar lo que nunca tuvimos.

no te resistas. no te resistas. no te resistas. sigues
teniendo toda tu humanidad. no queremos quitártela.
queremos la nuestra. de vuelta. crearla. diseñarla. está
en nuestras manos. ya no. en las tuyas. son muchas las
manos. que deben sostener tantas vidas.

nadie quiere echarte de casa. solo queremos construir más habitaciones. para caber todos. solo venimos a ocupar nuestro espacio. venimos en son de paz. venimos en son de paz. venimos en son de paz. pero estamos preparados para la guerra.

no hemos venido a pedir. algo. hemos venido a cogerlo. podemos hablar. pero esto no es una conversación. podemos abrazarnos. pero esto no es un favor. no hay nada que agradecer. no hay nada que elegir. no hay nada con lo que simpatizar. solo un enorme espacio vacío (que finge estar ocupado). un espacio vacío en el que estamos aquí para ser. tan solo hemos venido. a ocupar este espacio. que nos pertenece.

— completo

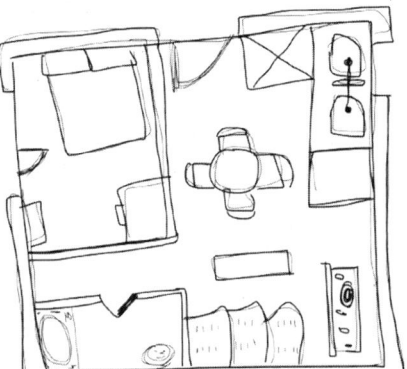

espero que al final de todo
cuando esto
acabe
encuentres
la cura
en ti
y no pidiéndole
a extraños
que se queden

— *dureza*

ya no tengo miedo al miedo
lo tuve tanto tiempo
dentro de mi piel
que ya no tiene poder sobre mí

— *igual contigo*

el mundo enseña a los hombres que el sexo es intimidad y la intimidad es sexo. que no hay uno sin lo otro. tanto que muchos no saben tener intimidad. sin sexo. no saben a menudo experimentar. la diferencia.

el mundo enseña a los hombres que mientras más dolor aguantas en silencio. más hombre eres. que mientras más puedes tragar. beber. soportar. más hombre. eres.

el mundo enseña a los hombres que no necesitan ayuda de nadie. que nadie puede dañarles. que nada puede atravesarles. que la vulnerabilidad es la enemiga. que no dejen que les pille.

el mundo enseña a los hombres que son lo que ganan. que sus problemas no le importan a nadie más. y son suyos propios. que ganar. es todo lo que importa. por encima de todas las cosas.

el mundo enseña a los hombres que los sentimientos no son para ellos. que no pueden depender. dejarse caer. en hombros ajenos más que en los suyos propios. que en el fondo están solos.

cómo no iban a querer acabar con una vida tan vacía.

— *no es culpa de los hombres que el mundo les mienta
| demonizar no es la solución*

demonizar a alguien
porque
haga algo terriblemente mal
no ayuda
no es parte
del cambio

— *demonizar es fácil. entender. empatizar. cruzar un*
puente. es más difícil

si necesita que una parte esencial de ti
se vaya
para quedarse
es mejor que se vaya

asume tus errores
porque aprender de ellos
es crucial para crecer y avanzar

si siempre finges que tus errores no lo son
o que son culpa de otro
pierdes
la oportunidad de mejorar

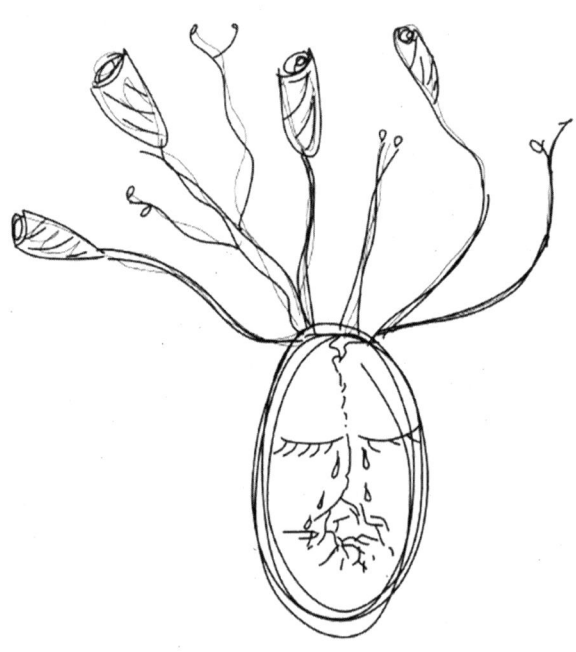

abre la puerta de tu error
asume la vergüenza
puede que en el momento
duela
que parezca más fácil culpar a otro
pero asumir lo que te pertenece
es la única manera
de seguir adelante libre

— *la carga se manifestará. pesará más que nunca. y*
volverá a ti si no la coges cuando corresponde

no intercambies
tu autoestima
por
su paz

*— si necesita que renuncies a una parte esencial de ti
para tener paz. quizá es momento de replantear*

la autoestima
nunca
fue
algo
que simplemente aparece
es la conquista
de la estima
es
construirte
diseñarte
actuar de una manera
que puedas respetar

la autoestima se crea en cada acto

— *demuéstrate lo que vales*

acerca del autor

alberto ramos es un joven artista de origen malagueño. su trabajo es leído y estudiado en institutos y ha inspirado a muchos jóvenes en una situación parecida a la suya. él cree que las experiencias son en gran parte lo que hacemos de ellas. y después de experimentar todo lo que han inspirado sus horribles vivencias está determinado a seguir creciendo con ellas. y en el proceso ayudar a quien esté en el mismo viaje. *alpha* es una inmersión en algo diferente a lo que alberto había compartido hasta ahora: es un viaje a la infancia. pero ser sinceros con nosotros mismos es un paso importante hacia cerrar heridas y es en la infancia donde muchas de estas heridas se forjan y nos hacen (al menos en parte) quienes somos. la publicación de sus libros y las miles de personas que alberto ha podido conocer tras firmar su obra en 10 países alrededor del mundo han sido el proceso más sanador que vivió nunca. y alberto confía en que su quinta obra *alpha* sea un paso más en sanar las heridas del pasado a través del aprendizaje. el autodescubrimiento. el cariño. y los espacios seguros que construyen sus libros para sí mismo así como para otras miles de personas.

información importante

cuando sientas que el peso de tu espalda es demasiado para sostener por tu cuenta. que la vida es demasiado cruda. tanto que no merece la pena vivirla. cuando tu respiración se te haga tan pesada que no puedas evitar pensar en poner un fin a tu vida. cuando sea que cualquiera de estos pensamientos crucen tu mente (no importa la intensidad) y no encuentres solución ni manera de liberarte. por favor llama.

alemania: **08001810771**

argentina: **02234930430**

australia: **131114**

austria: **017133374**

bélgica: **106**

botswana: **3911270**

brasil: **212339191**

canadá: **5147234000**

croacia: **014833888**

dinamarca: **70201201**

egipto: **7621602**

españa: **914590050**

ee. uu.: **18002738255**

estonia: **3726558088**

filipinas: **28969191**

finlandia: **010 195 202**

francia: **0145394000**　　　holanda: **09000767**

hong kong: **2382 0000**　　hungría: **116123**

india: **8888817666**　　　irlanda: **8457909090**

italia: **800860022**　　　japón: **352869090**

méxico: **5255102550**　　nueva zelanda: **800543354**

noruega: **81533300**　　portugal: **21 854 07 40**

polonia: **5270000**　　　reino unido: **8457909090**

rusia: **0078202577577**　sudáfrica: **0514445691**

suecia: **317112400**　　suiza: **143**

si eres homosexual. bisexual. lesbiana. transexual.
queer. pansexual. asexual. y demás. también puedes
llamar y escribir aquí.

028

amo todo lo que eres.

la serie eighteen – segunda fase

eighteen y *gay* conforman la primera fase de
la serie eighteen. son poemarios independientes
y autoconclusivos que han conquistado a una
generación convirtiéndose los dos en los libros de
poesía más vendidos de españa y de méxico en su
publicación.

baydoun y *alpha* dan vida a la segunda fase. una
fase que ahonda en la autoestima. las relaciones.
amistosas. amorosas. familiares. en la confianza y la
falta de ella. cuando el mundo te enseña que confiar
es un peligro. es un canto a ambas. deshacer lo que
el mundo hizo contigo. y fluir con ello. es también
la fase donde aprendemos. a decir adiós. aunque nos
duela. aunque solo queramos empezar de nuevo.

el camino visual

instagram, twitter & tiktok – @albeertoramos